9,80

Heidrun Gebhardt

Fischküche

kalt und warm · mild und herzhaft

ISBN 3 8068 5052 6

© Falken-Verlag GmbH, 6272 Niedernhausen/Ts.
Fotos: Fischwirtschaftliches Marketing-Institut, Bremerhaven
       Peter Frisch, Hamburg
Lithos: Th. Bräutigam, Hanau
Satz: Fotosatz Mitterweger KG, Plankstadt b. Heidelberg
Druck: VOD, Heidelberg

817   2635   4453   62

Inhalt

Fischküche heute
Zum Fisch-Fan kann jeder werden 7 · Fisch und Kräuter 7 · Einige Küchentips 7

Häppchen und Vorspeisen *(Rezepte für vier Personen)*
Kaviar-Sild auf Toast 8 · Sprotten mit Tomaten auf Toast 8 · Bücklingscreme auf Schwarzbrot 8 · Geräucherter Stör auf Sauerkraut 9 · Sardinen auf Sellerie und Tomate 9 · Seelachs in heißer Birne 9 · Krabben mit Kiwis 10 · Krabben mit Paprika 10 · Krabben mit Mandarinen 10 · Seelachs-Bananen-Röllchen 11 · Matjes mit Dilljoghurt 11 · Matjes in Tomaten 11 · Dorschleber in Blätterteigtaschen 12 · Räucherforelle mit Meerrettich-Apfel-Creme 12 · Muscheln gegrillt 12 · Muscheln auf Käsecreme 12 · Tintenfisch auf Melone 13 · Tintenfisch auf Camembert 13 · Seelachs mit Spargel 13 · Seelachs mit Bleichsellerie 13

Suppen und Salate *(Rezepte für vier Personen)*
Suppen 14 · Gemüsebrühe mit Rotbarsch und Muscheln 14 · Hühnerbrühe mit Krabben und Eierstich 14 · Kabeljau-Suppe 15 · Tomaten-Mais-Suppe mit Seelachsfilet 15 · Dillsuppe mit Seelachsfilet 15 · Räucherfilet in Erbscremesuppe 16 · Filet in Paprika-Bouillon 16 · Seeaal in Bleichselleriesuppe 16 · Salate 17 · Schillerlocken-Salat 17 · Thunfischsalat mit schwarzen Böhnchen 18 · Fisch-Chicorée-Salat 18 · Matjessalat ganz frisch 18 · Räucherfisch-Sellerie-Salat 19 · Kartoffel-Herings-Salat mit Wachsbohnen 19 · Bismarckhering in bunter Mischung 19

Kurzgebratenes für den Kinderteller
(Rezepte für drei Personen)
Fischstäbchen süß-sauer 20 · Seelachsfilet auf Zwiebeln und Kapern 20 · Krabben in Eierkuchen 20 · Bratfilet mit buntem Hack 21 · Schollenfilets auf Schinkenwürfeln 21 · Fischspieße 22 · Seemannsschnitzel mit Ananas 22 · Fischstäbchen auf Rührei-Toast 22 · Fischfrikadellen mit Paprikagemüse 22 · Fischfrikadellen mit gefüllten Tomaten 22 · Fischstäbchen mit Paprikareis 23 · Fischfilet mit Spiegelei 23

Zum Mittagessen – Fisch! *(Rezepte für vier Personen)*
Fisch mit Kräutersoße 24 · Kabeljau mit Gemüse in Blätterteig 24 · Fischkoteletts mit gefüllten Tomaten 24 · Fisch mit Currysoße 25 · Fischröllchen in Tomatensoße 25 · Seelachs in Paprikaschoten 26 · Fischragout mit Schalotten 26 · Heilbutt auf Champignons 26 · Heringe mit Zwiebeln und Tomaten 26 · Matjesfilets in Sahnesoße 27 · Matjes mit Kräuterquark und Grillkartoffeln 27 · Fischtaschen 28 · Räucherfisch im Tomatenbett 28 · Bratfisch mit Sardellenei 29 · Fischfilet mit Mischpilzen 29 · Fisch-Kartoffel-Auflauf 30 · Thunfisch gedünstet auf Zwiebelscheiben 30 · Fisch mit Röstzwiebeln 30 · Fischfilet mit Ingwer 30 · Fischfilet mit Bananen-Schinken-Auflage 31 · Fischfilet mit Rauchsalz-Zwiebeln 31 · Fischfilet auf Sauerkraut 32 · Fischfilet mit Zucchini 32 · Kabeljau mit Gurkenhappen 32 · Seelachs-Reispfanne 33 · Makrelen mit Kräutersoße 33 · Seeaal in Dillsoße 33

Genüßliches für Zwei *(Rezepte für zwei Personen)*
Forelle in Weißwein 34 · Haisteaks aus dem Ofen 34 · Heilbuttschnitten mit Sahnesoße 35 · Forelle gebraten mit Mandeln 35 · Fischfilet mit Kräutersahne 36 · Hornhecht mit französischen Kräutern 36 · Steinbeißer mit Äpfeln und Bananen 36 · Makrele gebraten mit Kräuterbutter 36 · Barsch mit Sardellensoße 37 · Makrele gebraten mit Rosenkohl 37 · Schellfisch mit Gemüse 38 · Karpfen in Biersoße 38 · Karpfen paniert 38 · Schnelle Krabbenpfanne 39 · Heilbuttfilet mit Tomatencreme 39 · Brokkoli mit Lachs und Käse überbacken 40 · Dorsch in der Folie 40 · Kabeljau mit heißer Senfbutter 40 · Heringe in Speck gebraten 40 · Seezungen mit Spargel 41 · Seezungen mit Zitrone und Kapern 41 · Seezungenröllchen in Tomatengemüse 42 · Hecht mit Speckscheiben und Reibkäse 42 · Kabeljau im Ofen gedünstet mit Meerrettichsoße 42 · Fischfilet mit Mandeln 43 · Fischfilet mit Käse überbacken 43

Menüs zum Feierabend (Rezepte für zwei Personen)

Makrelen auf Toast 44 · Aalfilets in Avocado 44 · Räucherfisch mit Rührei 45 · Räucherbückel im Eierkuchen 45 · Makrelenmischung 45 · Gebratene Speckschollen 46 · Schillerlocken auf Reibekuchen 46 · Regenbogenforellen mit Zwiebeln und Champignons 47 · Räucher-Rotbarsch mit Radieschen 47 · Seeaal auf Toast 47 · Fischfilet italienisch 47 · Pizza mit Sardinen und Krabben 48 · Krabben in Honigmelone 48 · Backfisch mit Fenchelgemüse 48

Für die gastliche Runde
(Rezepte für vier bis sechs Personen)

Pasteten mit Erbsen-Krabben-Füllung 49 · Eingelegte Bratheringe 49 · Fritierte Shrimps 50 · Fisch-Obst-Salat 50 · Fisch-Filet mit Käse-Schinken-Füllung 50 · Seelachsfilet in Gemüsezwiebeln 51 · Bunte Fischspieße 52 · Thunfischtoast 52 · Lachstoast 52 · Fischfilet mit vielen Beilagen 53 · Seelachsquark in Paprikaschote 54 · Krabbensalat mit Sauerkirschen 54 · Matjessalat mit Champignons 54 · Fondue mit Fischstäbchen 54 · Fondue mit frischem Fisch 56

Zulangen am Fisch-Büfett
(Rezepte für sechs bis acht Personen)

Leckeres für's Fischbüfett 57 · Fischbüfett auf die Schnelle 57 · Fischbüfett mit Vorbereitung 57 · Räucherfisch sortiert 58 · Ei und Gurke mit Dorschlebersoße 58 · Bunte Heringsplatte 59 · Helle Sülze 60 · Forellenfilets kalt 61 · Gefülltes Leckerbrot 62 · Matjesspieße 63 · Kunterbunte Appetitplatte 64 · Lachsplatte garniert 64

Abkürzungen:

EL = Eßlöffel
KL = Kaffeelöffel
Bd. = Bund
Msp. = Messerspitze
kl. = klein
gr. = groß

Matjes-Salat ganz frisch

Fischküche – heute

Zum Fisch-Fan kann jeder werden!

Fisch-Mahlzeiten fallen in vielen Haushalten recht eintönig aus. Dabei läßt sich gerade Fisch in vielerlei Variationen zubereiten. Sinn und Zweck dieses Buches ist es, Abwechslung in die Fischküche zu bringen und „machbare" Kombinationen für Fischgerichte vorzuschlagen.

Im Vorwort jedes einzelnen folgenden Kapitels steht genau, für wie viele Personen die Rezepte berechnet sind. Nach Bedarf können diese Angaben natürlich halbiert oder verdoppelt werden. Die Auswahl der Rezepte ist so getroffen, daß sich auch Ungeübte an das Nachmachen wagen können – es geht nichts schief dabei!

Jede Art von Fisch läßt sich ausgezeichnet tiefgefrieren. Dabei wird der Fisch sofort nach dem Kauf gewaschen (ganze Fische müssen ausgenommen sein), mit Küchenkrepp abgetrocknet und fest in Alufolie eingeschlagen. So lassen sich Sonderangebote nutzen, was bei den gestiegenen Preisen – auch bei Fisch – durchaus ins Gewicht fällt.

Fisch und Kräuter

Frische grüne Kräuter als Beigabe runden jede Fischmahlzeit ab.

Wer also die vitaminreichen Grüngewächse im Garten ernten kann, sollte möglichst reichlich davon an die beschriebenen Gerichte geben, auch wenn das im Rezept nicht erwähnt ist.

Wer die Kräuter im Sommer preiswert erstehen kann, sollte sie – wenn er die Möglichkeit hat – in kleinen Portionen in Plastikbeutelchen tiefgefrieren, um sie im Bedarfsfall zur Hand zu haben.

Wer vor dem relativ hohen Preis der einzeln angebotenen Kräutersträußchen, vor allem in der Großstadt, zurückschreckt, sollte im Gewürzregal stets Trockenpetersilie und getrocknete Dillspitzen besitzen.

Einige Küchentips

Zitronensaft und Essig können bei den Rezepten wahlweise verwendet werden. Ebenso läßt sich süße Sahne, wenn gerade nicht vorrätig, durch Dosenmilch ersetzen.

Küchenkrepp ist in der Fischküche äußerst hilfreich. Mit ihm läßt sich das Fischfleisch trockentupfen. Danebengespritztes Fett sowie sonstige Fischflecken auf der Arbeitsplatte sollte man gleich mit Küchenkrepp wegwischen.

Heißes, benutztes Fischfett sollte man kein zweites Mal benutzen. Man läßt das Fett in der Pfanne etwas erkalten, wischt sie mit Küchenkrepp aus und reinigt sie später wie üblich.

Fischdosen am besten im sauberen Ausgußbecken öffnen. Vorbeilaufendes Öl oder herausquellende Soße sogleich mit Küchenkrepp abwischen. Das reine Öl aus den Büchsen, das oftmals für die Rezepte nicht verwendet wird, kann man direkt in die Ausgußöffnung abgießen. Sofort einige Tropfen Spülmittel hinterhergießen und kaltes Wasser nachlaufen lassen.

Beim Fischebraten ruhig eine Pfanne mit Deckel benutzen. Die Fische werden auch braun, wenn man den Deckel auflegt.

Bei Bedarf nach dem Wenden von Bratfisch etwas Fett nachgeben, damit das Fischfleisch nicht am Pfannenboden hängenbleibt.

Für alle Fischgerichte, vor allem für solche mit Gräten, die beim Essen etwas Zeit erfordern, unbedingt Teller und Anrichteplatten vorwärmen.

Mit Kartoffelbeilagen kann man bei Fischgerichten sparsam umgehen. Oftmals reichen Fisch und Salat aus, um sättigend zu sein.

Häppchen und Vorspeisen

Mit Fisch zubereitete Häppchen kann man zu vielerlei Anlässen servieren, zum Beispiel als ...
    Kostprobe zu einem Frühschoppen,
    zünftige Abwechslung beim Brunch,
    Mittags-Imbiß, wenn abends die Hauptmahlzeit gegessen wird,
    Einlage am Kartenspiel-Abend,
    Stärkung für Gäste, die nach dem Abendessen geladen sind,
    Mitternachts-Imbiß.
Diese Häppchen können auf Portionstellerchen angerichtet und dann jederzeit als Vorspeise gereicht werden.
Umgekehrt schmecken kleine Fischgerichte, die man üblicherweise gerne als Vorspeise anbietet, genau so gut als Abendessen.
Die nachfolgenden Rezepte sind, wenn keine Stückzahl angegeben wird, für vier Personen berechnet.

Kaviar-Sild auf Toast

(Ergibt 9 Häppchen)

1 Dreieck Sahne- bzw. Rahm-Schmelzkäse (Vollfettstufe);
1 Gläschen Deutscher Kaviar (aus Seehasenrogen, Inhalt 50 g);
1 kl. Dose Appetitsild (Inhalt 45);
3 Scheiben Toastbrot.

Den Schmelzkäse (er darf nicht gerade aus dem Kühlschrank kommen, sonst ist er zu hart) und den Kaviar mit einer Gabel in einer kleinen Schüssel gut mischen.
Die Appetitsilds vorsichtig aus der Dose heben und sie auf einem Sieb abtropfen lassen (Einlegeflüssigkeit wird nicht verwendet).
Die Brotscheiben von beiden Seiten hellbraun rösten und sie mit der Kaviarcreme bestreichen. Jede Scheibe in drei Längsstreifen schneiden. Nun je einen Sild-Fisch mit der Silberseite nach oben auf die Kaviarcreme drücken. Sogleich servieren.

Sprotten mit Tomaten auf Toast

(Ergibt 12 Häppchen)

3 feste Tomaten;
1 Dose geräucherte Sprotten in Öl;
4 Scheiben Toastbrot, Butter, Selleriesalz.

Die Tomaten waschen, abtrocknen, halbieren und aus jeder Hälfte 4 Spalten schneiden. Die Fruchtkerne auskratzen.
Die Fischdose öffnen, das Öl von den Sprotten abgießen (wird nicht verwendet).
Nun das Weißbrot toasten. Jede Scheibe buttern, in vier Quadrate schneiden und diese nebeneinander auf eine Platte legen. Schnell auf jedes Brotstückchen eine Sprotte legen, und zwar diagonal. Rechts und links von der Sprotte je ein Tomatenschiffchen dazulegen, Tomaten und Sprotten mit Selleriesalz überpudern. Gleich servieren.

Bücklingscreme auf Schwarzbrot

(Ergibt 8 Häppchen)

2 viereckige Scheiben Schwarzbrot, Butter;
1 Tube Bücklingscreme (fertiger Brotaufstrich, Inhalt 80 g);
½ mittelgr. rote oder grüne Paprikaschote, 1 hartgekochtes Ei,
2 KL Kräuterremoulade (Fertigprodukt).

Jede Schwarzbrotscheibe buttern und in vier Quadrate schneiden. Auf die acht Häppchen die Bücklingscreme zunächst in gleichgroßen Häufchen verteilen, dann glattstreichen.
Die von den Samensträngen und Kernen befreite Paprikaschote waschen, abtrocknen und in kleinste Würfelchen schneiden. Das abgekühlte Ei pellen, hacken, zu den Paprikastückchen geben und mit der Kräuterremoulade mischen. Je einen Teelöffel voll von dieser Mischung auf die Bücklingscreme setzen. Gleich servieren.

Geräucherter Stör auf Sauerkraut

(Ergibt 6 Häppchen)

1½ Scheiben viereckiges Schwarzbrot, Butter;
125 g mildes Sauerkraut, 1 Apfel, 1 Prise Zucker, Pfeffer,
1 Dose geräucherter Stör mit eigenem Saft in Aspik
(Gesamtinhalt 115 g).

Das Schwarzbrot mit Butter bestreichen und in sechs Quadrate schneiden. Das Sauerkraut auf einem Brett ganz klein schneiden und in eine Schüssel geben. Den Apfel waschen, schälen und auf einer Rohkostreibe gleich so über das Sauerkraut reiben, daß nur das Kerngehäuse übrigbleibt. Den Salat mischen und ihn mit einer Prise Zucker und etwas Pfeffer würzen.
Die gebutterten Schwarzbrothappen nebeneinander auf eine Platte setzen und den Sauerkrautsalat auf den Häppchen verteilen und etwas flachdrücken.
Die Fischdose öffnen. Den Inhalt in der Büchse vorsichtig zerschneiden und sechs Portionen daraus machen. Je eine Portion Stör mit dem Aspik auf das Sauerkraut setzen. Gleich servieren.

Seelachs in heißer Birne

4 feste Birnen mit Stiel, 4 kl. Scheiben Seelachs, 4 Rouladenhölzchen;
1–2 Eier (je nach Größe), 6 gehäufte EL Mehl, ¼ l Milch, 1 Prise Salz,
1 Prise Muskatnuß;
Kokosfett oder Öl im Fettopf zum Ausbacken.

Die Birnen waschen, schälen, dabei den Stiel dranlassen. Jede Frucht halbieren und das Kerngehäuse entfernen. Nun je eine Seelachsscheibe zusammenrollen und sie in die ausgehöhlte Birnenhälfte hineinlegen. Die dazupassende zweite Birnenhälfte daraufdrücken und die Frucht vorsichtshalber mit einem Rouladenhölzchen zusammenstecken. Die Birnen auf Küchenkrepp legen und rundherum abtupfen; sie müssen ganz trocken sein.
Aus Eiern, Mehl und Milch einen Eierkuchenteig quirlen, der mit je einer Prise Salz und Muskatnuß abgeschmeckt wird.
Kokosfett oder Öl in einem Fettopf erhitzen. Die Birnen im Eierkuchenteig wenden (am besten in einem tiefen Teller) und sie im siedenden Fett schwimmend ausbacken. Sofort heiß servieren.

Seelachs in heißer Birne

Sardinen auf Sellerie und Tomate

(Ergibt 8 Häppchen)

2 große, feste Tomaten, Salz Knoblauchpulver;
1 Stück Sellerieknolle (etwa 200 g), ½ Zitrone, Zwiebelsalz,
Cayennepfeffer, Muskatnuß, 2 KL Kräuterremoulade (Fertigprodukt), 2 EL Joghurt;
1 Dose Sardinen in Öl (Nettoinhalt 125 g).

Die Tomaten waschen, abtrocknen, in je vier dicke Scheiben schneiden, nebeneinander auf eine Platte legen und mit Salz und Knoblauchpulver überstreuen.
Die Sellerieknolle schälen, waschen, auf der Rohkostreibe fein reiben und sofort mit Zitronensaft übertäufeln. Mit Zwiebelsalz, Cayennepfeffer, Muskatnuß, Kräuterremoulade und Joghurt vermischen, nachschmecken und auf die Tomatenscheiben verteilen.
Die Fischdose öffnen, das Öl abgießen (wird nicht verwendet) und je eine halbe Sardine auf den Selleriesalat drücken. Gleich servieren.

Krabben mit Paprika

Krabben mit Kiwis

*200 g Krabbenfleisch (tiefgefroren und aufgetaut oder frisch),
½ Zitrone, 3 Kiwifrüchte (gibt es ab Ende September);
1 Töpfchen Sahnejoghurt, 2 EL Tomatenketchup,
4 KL Weinbrand, 2 KL Zucker, 1 Prise Salz,
1½ KL getrocknete Dillspitzen.*

Die Hälfte der Krabben in vier Portionsgläser verteilen und sofort mit einigen Tropfen Zitronensaft beträufeln.
Die Kiwifrüchte schälen, halbieren und in feine Scheiben schneiden. Die Hälfte der Kiwischeiben auf die Krabben schichten.
Als nächstes folgen die restlichen Krabben. Den Abschluß im Glas bilden die restlichen Kiwischeiben.
Für die Soße Sahnejoghurt, Tomatenketchup und Weinbrand mit Zucker, Salz und den Dillspitzen verrühren. Diese Soße zu gleichen Portionen über den Inhalt in den Gläsern laufen lassen. Nicht zu lange vor dem Servieren stehenlassen.

Krabben mit Paprika

*200 g Krabbenfleisch (frisch oder aus der Dose),
1 kl. oder ½ gr. grüne Paprikaschote;
1 EL Essig (sehr gut: Kräuteressig!), 1 EL Öl, 1 KL Senf,
je 1 Prise Salz und Zucker;
4 Salatblätter, 2 feste Tomaten, 2 hartgekochte Eier,
Paprikapuder.*

Das Krabbenfleisch in eine Schüssel legen. Bei Krabben aus der Dose die Einlegflüssigkeit nicht mit verwenden. Die Paprikaschote waschen, halbieren, von Samensträngen und Kernen befreien, mit Küchenkrepp abtrocknen, in feinste Stückchen schneiden und zu den Krabben geben.
Essig, Öl und Senf mit einer Gabel sämig schlagen, mit Zucker und Salz vorsichtig würzen, und die Marinade mit den Krabben und Paprikawürfeln mischen.
In je ein Portionsglas ein gewaschenes, getrocknetes Salatblatt legen und den Krabbensalat in den Gläsern anrichten. Jede Tomate waschen, abtrocknen, halbieren, aus jeder Hälfte drei Schiffchen schneiden und diese sternförmig auf die Krabben legen.
Die abgekühlten Eier pellen, halbieren, aus jeder Hälfte drei Spalten schneiden und diese zwischen die Tomaten legen. Auf das Eigelb Paprikapuder streuen.

Tip: Wenn es die Jahreszeit erlaubt, frischen gehackten Dill unter den Krabbensalat mischen und den Salat noch mit Dillsträußchen verzieren.

Krabben mit Mandarinen

*150 g frisches Krabbenfleisch, 1 kl. Dose Mandarinen-Orangen (Nettoinhalt ca. 300 g), 1 halbhohes Gläschen Kapern;
1 EL Mayonnaise (Fertigprodukt), 1 EL Dickmilch oder Joghurt,
1 KL Currypulver, 1 KL Zucker, 1 KL Sojasoße, 1 Prise Salz;
4 gr. feste Salatblätter.*

In einer Schüssel das Krabbenfleisch, die gut abgetropften Mandarinen-Orangen und die ebenfalls abgetropften Kapern mischen. Mayonnaise und Dickmilch in einem kleinen Gefäß mit Curry, Zucker, Sojasoße und Salz verrühren und mit den Krabbenzutaten mischen. Die Salatblätter waschen und auf Küchenkrepp abtrocknen lassen. Jedes Salatblatt so nebeneinander auf eine Platte legen, daß die Blätter eine „Schüssel" bilden. Da hinein den Krabbensalat verteilen (etwa 2 Eßlöffel pro Portion).

Seelachs-Bananen-Röllchen

(Ergibt 12 Häppchen)

4 feste Bananen ohne schwarze Stellen, Zitrone, Currypuder;
150 g Räucherseelachs in Scheiben, 2 EL milder Senf;
2–3 Eiweiß, 2 EL Wasser, 2 EL Stärkemehl;
Kokosfett oder Öl zum Ausbacken.

Die Bananen schälen und jede in drei gleichmäßig große Stücke schneiden. Diese sogleich rundum mit Zitronensaft beträufeln, damit sie nicht braun werden, und mit Currypuder bestreuen.
Den Räucherseelachs auf einem Brett ausbreiten, und die vorhandenen Scheiben in 12 Portionen teilen. Je ein Bananenstückchen fest in den Seelachs wickeln, und um den Seelachs dünn Senf streichen.
Die Eiweiße mit dem Wasser zu festem Schnee schlagen. Darunter das Stärkemehl ziehen. Die vorbereiteten Bananenröllchen in der Eiweißmasse von allen Seiten wenden.
Kokosfett oder Öl in einem Topf erhitzen und die Bananenröllchen darin schwimmend goldbraun ausbacken. Benutzt man eine tiefe Bratpfanne, dann reichlich Fett verwenden!
Zum Servieren Cocktailspießchen oder Hölzchen in jedes Röllchen stecken.

Tip: Werden diese Röllchen nicht als Häppchen zum Bier serviert, so schmecken sie ebenso lecker zu Kräuterreis, dann als warme Hauptmahlzeit mit einer Suppe davor oder einem Dessert danach.

Seelachs-Bananen-Röllchen

Matjes mit Dilljoghurt

2 viereckige Scheiben Schwarzbrot, Butter;
2 milde Matjesfilets, 4 kl. Zwiebeln;
4 EL Joghurt, 1 KL Zucker, 2 Bund Dill.

Jede Schwarzbrotscheibe mit Butter bestreichen, halbieren und jede Hälfte auf einen Portionsteller legen.
Die Matjesfilets unter fließendem Kaltwasser waschen, mit Küchenkrepp abtupfen und halbieren. Je eine Heringshälfte auf ein halbes Butterbrot legen.
Die Zwiebeln pellen und in Scheiben schneiden. Je eine Zwiebel für eine Brothälfte schuppenartig auf die Filethälften verteilen.
Den Joghurt mit dem Zucker und dem gewaschenen, getrockneten, fein gehackten Dill verrühren und über die Zwiebeln und Filets laufen lassen. Gleich servieren.

Matjes in Tomaten

4 feste Tomaten, Knoblauchpuder;
2 milde Matjesfilets, 1 Zwiebel, 2 EL Chilisoße (Fertigprodukt),
4 EL Dosenmilch.

Die Tomaten waschen, abtrocknen und von jeder einen Deckel abschneiden. Das Innere der Tomaten aushöhlen. Jede Tomate auf ein kleines Tellerchen stellen und sie innen mit Knoblauchpuder bestreuen.
Die Matjesfilets unter fließendem Kaltwasser waschen, mit Küchenkrepp abtupfen und in feinste Streifen schneiden. Die Zwiebel pellen, würfeln und mit den Matjesstreifen mischen, dazu Chilisoße und Dosenmilch. Den Salat in die Tomaten füllen und mit Buttertoast servieren.

Dorschleber in Blätterteigtaschen

(Ergibt 10 Blätterteigtaschen)

1 Paket tiefgefrorener Blätterteig (5 backfertige Scheiben, 300 g);
1 Dose Dorschleber in Stücken (110 g), 1 kl. Zwiebel,
1 Röhrchen Kapern, 1 EL Dosenmilch, 1 Prise Currypuder;
Zum Bestreichen Dosenmilch und Currypuder.

Die Blätterteigtaschen auf einem Brett ausbreiten und in 20 Minuten bei Zimmertemperatur auftauen lassen.
Währenddessen die Fischdose öffnen, das Öl abgießen (wird nicht verwendet) und den Inhalt in einen tiefen Teller geben. Dazu die gepellte, fein gewürfelte Zwiebel, die abgegossenen Kapern, die Dosenmilch und etwas Currypuder. Mit der Gabel vermischen.
Jede Blätterteigscheibe nach der Auftauzeit halbieren, so daß 10 Quadrate entstehen. Auf jedes Teigquadrat einen guten Teelöffel voll Dorschleberfüllung verteilen. Jedes Teigquadrat zu einem Dreieck zusammenklappen, dabei die Füllung mit den Fingern in die Mitte drücken und die Teigenden fest zusammenpressen. Die fertigen Stücke auf ein mit kaltem Wasser abgespültes Blech legen. Die Oberfläche der Teigtaschen mit Büchsenmilch einpinseln und darauf etwas Currypuder streuen.
Den Backofen vorheizen (Strom 225°C, Gas Stufe 5). Das Blech auf der zweiten Schiene einschieben. Backzeit 15 Minuten bei unveränderter Hitze.
Die Blätterteigtaschen heiß servieren, dazu Blattsalat und eine Tasse klare, heiße Brühe.

Räucherforelle mit Meerrettich-Apfel-Creme

4 Salatblätter, 2 Filets Räucherforelle, ½ Zitrone;
1 Zwiebel, 1 Apfel, 1 Töpfchen saure Sahne, je 1 Prise Zucker und Salz,
3 KL Meerrettich (Fertigprodukt).

Die Salatblätter waschen, abtropfen lassen und auf Glastellerchen legen. Die Räucherforellen-Filets halbieren. Je eine Hälfte auf ein Salatblatt legen und sofort mit etwas Zitronensaft beträufeln, damit er einziehen kann.
Die Zwiebel (sie soll nicht zu groß sein) pellen und fein würfeln. Den Apfel waschen, abtrocknen, schälen, halbieren, entkernen und ebenfalls in kleinste Würfelchen schneiden. Zwiebel- und Apfelwürfel in eine Schüssel geben. Aus der sauren Sahne mit etwas Zucker und einer Spur Salz sowie dem Meerrettich eine Creme rühren und sie mit den Zwiebel- und Apfelwürfeln mischen. Mit einem Eßlöffel vier gleiche Portionen davon auf die Forellen verteilen. Sofort mit Buttertoast servieren.

Muscheln gegrillt

(Ergibt 12–15 Häppchen)

1 Dose oder 1 Glas Muscheln im eigenen Saft (Nettoinhalt ca. 190 g),
12–15 hauchdünne, schmale, längliche Scheiben fetter Speck,
12–15 Rouladenstäbchen.

Die Dose oder das Glas öffnen, und die Muscheln abtropfen lassen. Jede Muschel einzeln auf eine Speckscheibe legen (nach Geschmack die schwarzen Teile von den Muscheln abziehen). Nun die Speckenden an beiden Seiten so um die Muschel herum hochziehen, daß man sie mit einem Rouladenstäbchen feststecken kann. Dadurch bekommen die Muscheln Halt. Ist eine Muschel kleiner oder zerbrochen, kann man auch zwei oder einzelne Muschelteile im Speck einwickeln.
Den Grillstab unbedingt vorheizen!
Die eingewickelten Muscheln so in eine flache Auflaufform legen, daß eine Speckseite nach oben zeigt.
Die Muscheln kurz unter dem Grill rösten und sofort heiß zu Weißbrot servieren.

Muscheln auf Käsecreme

(Ergibt 16 Häppchen)

1 Schachtel Joghurt-Frischkäse (Rahmstufe, 200 g),
2 EL süße Sahne, 1 KL getrocknete Dillspitzen, 1 Bund Petersilie;
2½ viereckige Scheiben Schwarzbrot;
1 Dose Pfahl-Muscheln in pikanter Tunke (Nettoinhalt 125 g);
1 Apfelsine.

Käse, Sahne, Dillspitzen und die gewaschene, getrocknete, gehackte Petersilie mit der Gabel cremig rühren. Diese Creme auf die Schwarzbrotscheiben streichen. Jede ganze Brotschnitte in sechs, die halbe Brotschnitte in vier Stücke teilen, und die Vierecke nebeneinander auf eine Platte legen.
Die Fischdose öffnen und die Muscheln auf einem Sieb abtropfen lassen (die Flüssigkeit nicht verwenden).
Auf jedes Käsecreme-Häppchen nun eine Muschel setzen – nicht ganz in die Mitte. Restliche kleine Muschelstückchen noch verteilen.
Die Apfelsine schälen, in Viertel teilen und jedes Viertel in nicht zu dünne Scheiben schneiden. Je eine Apfelsinenscheibe aufrecht neben eine Muschel drücken. Restliche Obststückchen zur Dekoration zwischen die angerichteten Häppchen verteilen.

Tintenfisch auf Melone

(Etwas für Mutige, schmeckt etwas fremdländisch)

4 Salatblätter, ¼-½ Honigmelone (je nach Größe, sie muß ganz reif sein!);
1 Dose Tintenfisch im eigenen Saft (Nettogewicht 115 g);
2 Scheiben Toastbrot.

Die Salatblätter waschen, abtropfen lassen, und je ein Blatt in einen Portionsteller aus Glas legen. Aus der halbierten Honigmelone die Kerne entfernen. Vier schmale Streifen davon abschneiden (oder sie ganz verwenden, wenn sie nicht zu groß ist) und diese erst schälen, dann in dünne Scheibchen schneiden. Die Fruchtstückchen auf die Salatblätter häufen.
Die Fischdose öffnen und etwas Saft abgießen. Das Fischfleisch mitsamt dem dickeren Eigensaft auf die Melonenstückchen verteilen. Jede Toastbrotschnitte diagonal durchschneiden, diese beidseitig rösten und sie zum Tintenfisch reichen.

Tintenfisch auf Camembert

(Ergibt 10 Häppchen)

2 Scheiben Bauernbrot, Butter, 1 runder, noch fester Camembert;
1 Dose Tintenfisch im eigenen Saft (Nettogewicht 115 g);
½ Sträußchen Petersilie.

Jede Brotscheibe mit Butter bestreichen und in fünf Streifen schneiden. Aus dem Camembert zehn Scheiben schneiden und je eine auf ein Brotstück legen.
Die Fischdose öffnen, den Saft abgießen (wird nicht verwendet), und die Tintenfischstückchen auf dem Käse verteilen. Die gewaschene, getrocknete, ganz fein gehackte Petersilie darüberstreuen.

Seelachs mit Spargel

1 Dose Stangenspargel mit Köpfen, 4 Scheiben Seelachs,
4 Salatblätter, 1 Tube Mayonnaise mit Meerrettich (Fertigprodukt), frischer Dill, 1 Tomate.

Die Dose öffnen, den Spargel vorsichtig herausnehmen, ihn abtropfen lassen und in vier Portionen aufteilen. Je eine Scheibe Lachs um jede Spargelportion wickeln und diese auf Portionstellern anrichten. Die Salatblätter waschen, auf Küchenkrepp abtrocknen und je eines um das untere Ende der Spargelstangen schlagen. Auf den Salat einen Klecks Mayonnaise mit Meerrettich drücken und mit frischem, gewa-

Seelachs mit Spargel

schenem Dill garnieren. Die Tomate waschen, abtrocknen, in Achtel schneiden und diese neben die Mayonnaise mit Meerrettich legen. Dazu Toast mit Butter reichen.

Seelachs mit Bleichsellerie

1 nicht zu große Staude Bleichsellerie, ½ Zitrone, Salz, Pfeffer,
4 Scheiben Seelachs (etwa 150 g);
1 Töpfchen süße Sahne, 2 KL Sahnesteif, 1 EL Sojasoße.

Den Bleichsellerie waschen. Die äußeren holzigen Stellen abschneiden, die größeren, welken Blätter entfernen. Alles auf einem Brett in feinste Scheiben schneiden, auch die jungen Blätter. In eine Schüssel mit Zitronensaft und wenig Salz und Pfeffer geben. Den Seelachs in dünne Streifen schneiden und mit dem Bleichsellerie vermischen. Nun die Sahne anschlagen, Sahnesteif einschütten, weiter steifschlagen und Sojasoße darunterrühren. Die Sahne zum Salat geben und kurz unterheben. Sofort servieren.

Suppen und Salate

Suppen

Auf das Rezept der wohl berühmtesten europäischen Suppe, der „Bouillabaisse", wird im Nachfolgenden verzichtet – zu viele anerkannte Köche haben sie schon beschrieben, und für die normale Familientafel sind die Vorbereitungen dazu recht erheblich. Statt dessen werden im Anschluß Suppen vorgeschlagen, deren Zubereitung unkompliziert ist.

Wann könnte man eine solche Suppe mit Fisch servieren? Als Mittagsmahlzeit für Schulkinder ist sie nur dann geeignet, wenn die Kinder gerade diese Geschmacksrichtung mögen, und wenn es ein Brötchen dazu gibt. Als Abendmahlzeit für Berufstätige oder für einen kleineren Erwachsenenhaushalt bietet sie eine wohlschmeckende Abwechslung, wenn es danach noch etwas Brot mit Aufschnitt gibt.

Die folgenden Suppen-Rezepte sind für vier Personen berechnet. Sie lassen sich aber sehr gut auf sechs Gäste aufteilen, da in diesem Fall die Suppe nicht zum Sattessen gedacht ist. So eine Suppe bringt Abwechslung für diverse Essen, zu denen Gäste geladen sind – hier einige Beispiele:
- vor einem Fleisch-Fondue,
- vor heißen, mit Fleisch gefüllten Pasteten,
- vor einer Schinken- oder Schlachtfestplatte,
- vor jedem Fleischgang,
- vor einer bunt gemischten Käseplatte,
- als Allein-Imbiß zu Knabbermischungen am ganz späten Abend.

Gemüsebrühe mit Rotbarsch und Muscheln

150-200 g Rotbarschfilet, Essig, Salz;
1 Zwiebel, 1 EL Margarine, ½ l Wasser, 1 kl. Päckchen Suppengemüse (tiefgefroren, 75 g), Worcestersoße, Pfeffer, Paprikapuder,
1 Prise Majoran;
1 Dose Pfahlmuscheln in würziger Tunke (Nettoinhalt 120 g).

Das Fischfilet unter fließendem Kaltwasser waschen, mit Küchenkrepp abtupfen, mit Essig überträufeln, salzen und etwas stehenlassen.
Währenddessen die Zwiebel pellen, in Würfelchen schneiden und diese in der Margarine anrösten. Das Wasser dazugießen, zum Kochen bringen und das tiefgefrorene Gemüse hinzufügen. Wieder zum Kochen bringen, und das Gemüse 10 Minuten lang kochen. Die Suppe mit Salz, viel Worcestersoße, mit Pfeffer, Paprikapuder und Majoran würzen.
Das Fischfilet in Stückchen schneiden und nach den 10 Minuten Kochzeit (für das Gemüse) in die Suppe geben. Weitere Garzeit 10 Minuten.
Die Muscheln aus der Dose auf ein Sieb geben (Einlegeflüssigkeit wird nicht verwendet). Mit einem Messer das Schwarze an den Muscheln entfernen, und die Muscheln unmittelbar vor Ende der Garzeit in der Brühe mit heiß werden lassen.

Hühnerbrühe mit Krabben und Eierstich

2 Eier, 4 EL Milch, Salz, Muskat, 1 Stückchen Butter;
½ l Hühnerbrühe (Würfel, Beutel oder selbstgekocht);
150 g Krabben (frisch, Glas oder tiefgefroren).

Zunächst den Eierstich bereiten: Die Eier mit der Milch verquirlen, mit Salz und Muskat würzen. In eine gebutterte Tasse füllen, diese mit Alufolie abdecken. Die Eiermilch 30 Minuten im sprudelnden Wasserbad stocken lassen. Den erkalteten Eierstich mit einem Küchenmesser rundum vom Tassenrand lösen und auf einem Brett in Stückchen schneiden.
Die Hühnerbrühe mit den Krabben erhitzen, nicht kochen lassen. Die Eierstich-Stückchen hinzufügen und ebenfalls kurz in der Brühe erhitzen.

Tip: Diese Brühe kann man gut mit einem kleinen Schuß Portwein würzen, wenn keine Kinder mitessen.

Kabeljau-Suppe

1 Scheibe durchwachsener Speck (etwa 30 g), 1 EL Margarine, 1 Zwiebel, 1 dünne Stange Porree, ½ l Wasser, 2 gr. Kartoffeln, Salz, Pfeffer, 1 Lorbeerblatt;
1 Packung Kabeljaufilet (tiefgefroren, Inhalt 400 g), 2 Tomaten, 1 kl. Dose Erbsen und Karotten, ¼ l Milch, Paprikapuder.

Den Speck fein würfeln und in der Margarine ausbraten. Die Zwiebel pellen und würfeln. Den Porree waschen und in dünne Scheiben schneiden. Zwiebelwürfel und Porreescheiben im Speck andünsten. Mit Wasser auffüllen. Die Kartoffeln waschen, schälen, in kleinste Stückchen schneiden und zur Suppe geben. Mit Salz und Pfeffer würzen, das Lorbeerblatt dazugeben. Die Suppe 10 Minuten kochen lassen.
Nun das Kabeljaufilet, die mit heißem Wasser überbrühten, gehäuteten, geviertelten Tomaten, die abgegossenen Erbsen und Karotten, die Milch und evtl. noch Salz dazugeben.
Die Suppe weitere 10 Minuten kochen lassen. Nach dieser Zeit so umrühren, daß dabei das Fischfilet zerkleinert wird. Das Lorbeerblatt entfernen, die Suppe mit Paprika nachwürzen.

Tip: Diese Suppe läßt sich auch mit Resten von Kochfisch herstellen.

Kabeljau-Suppe

Tomaten-Mais-Suppe mit Seelachsfilet

300 g Seelachsfilet, Essig, Salz;
1 Zwiebel, 1 Stückchen Margarine, 1 kl. Dose Tomatensuppe (berechnet für 4 Personen, ergibt die doppelte Menge), 1 kl. Dose Maiskörner, 1 KL Zucker, Pfeffer, Paprikapuder, 1 Bund Dill.

Das Fischfilet unter fließendem Kaltwasser waschen, mit Küchenkrepp abtupfen, mit Essig überträufeln, salzen und etwas stehenlassen.
Währenddessen die Zwiebel pellen, in Würfelchen schneiden und in der Margarine anrösten. Die Tomatensuppe aus der Dose (und die gleiche Menge Wasser) hinzufügen. Die Maiskörner auf einem Sieb abtropfen lassen (Einlegeflüssigkeit wird nicht mitverwendet) und zur Suppe geben. Die Suppe mit Zucker, Pfeffer und Paprikapuder, eventuell mit Salz würzen und zum Kochen bringen.
Das Fischfilet in Stückchen schneiden. Die Fischstückchen in die Suppe geben und sie darin in 10 Minuten garen. Vor dem Servieren den gewaschenen, abgetrockneten, gehackten Dill dazutun.

Dillsuppe mit Seelachsfilet

1 EL Öl, 1 Zwiebel, ½ l Wasser, 2 gr. Kartoffeln, Salz;
1 Packung Seelachsfilet in Kräutersoße (tiefgefroren, Fertigprodukt, Inhalt 400 g), Muskat, Worcestersoße, 3 Tropfen Tabascosoße, 2 KL getrocknete Dillspitzen;
2 Eigelb, 2 EL süße Sahne.

Das Öl im Topf erhitzen und die gepellte, fein gewürfelte Zwiebel darin andünsten. Mit Wasser auffüllen. Die geschälten Kartoffeln so klein wie möglich würfeln und dazugeben, salzen. Das Ganze 10 Minuten kochen lassen.
Der Fisch muß angetaut sein. Den Beutel aus der Packung herausnehmen, aufschneiden, und die Filets mitsamt der Soße in die Suppe geben. Soßenreste gut aus dem Beutel drücken. Kräftig mit Muskat, Worcestersoße und Tabascosoße würzen, eventuell nachsalzen. Die Dillspitzen hinzufügen und die Suppe nochmals 10 Minuten kochen. Nach der Kochzeit das mit Sahne verquirlte Eigelb unterrühren, dabei den Fisch in Stückchen zerteilen.

Filet in Paprika-Bouillon

Filet in Paprika-Bouillon

300 g Fischfilet, Essig, Salz;
1 l Brühe (Würfel oder selbstgekocht), 1 Lorbeerblatt, 2 Zwiebeln,
2 Möhren, 1 rote und 1 grüne Paprikaschote;
1 kl. Gläschen Weißwein, 1 Bd. Dill.

Das Fischfilet unter fließendem Kaltwasser waschen, mit Küchenkrepp abtupfen, mit Essig beträufeln, salzen und etwas ziehen lassen. Währenddessen die Brühe aufsetzen. Das Lorbeerblatt, die gepellten, geviertelten Zwiebeln und die gewaschenen, geputzten, in Scheiben geschnittenen Möhren hinzugeben. 10 Minuten kochen, damit die Möhren schon vorgegart sind.
Die Paprikaschoten halbieren, die Samenstränge und Kerne entfernen und die gewaschenen Hälften in feine Streifen schneiden. Das Fischfilet in mundgerechte Stücke schneiden. Paprikastreifen und Fischstücke zur Suppe geben und diese nochmals 10 Minuten kochen lassen.
Das Lorbeerblatt entfernen, die Suppe eventuell nachsalzen und mit Weißwein abschmecken. Den gewaschenen, abgetropften, zerkleinerten Dill hinzufügen.

Seeaal in Bleichselleriesuppe

200–300 g Seeaal, ¼ l Wasser, Salz, 1 Lorbeerblatt,
4 Wacholderbeeren, ½ KL Fischgewürz;
1 EL Margarine, 1 Knoblauchzehe, 1 Staude Bleichsellerie, ⅜ l Wasser,
1 kl. Brühwürfel, Pfeffer.

Den Seeaal unter fließendem Kaltwasser gründlich waschen. Das Wasser mit Salz, Lorbeerblatt, Wacholderbeeren und dem Fischgewürz zum Kochen bringen. Den Seeaal hineinlegen und in 10 Minuten garen. Dabei darf das Wasser nicht sprudelnd kochen.
Währenddessen Margarine in einem zweiten Topf erhitzen und die gepellte Knoblauchzehe durch eine Presse dazudrücken. Die Staude Bleichsellerie waschen. Dabei alle äußeren und holzigen Teile entfernen. Die größeren welken Blätter entfernen, nur die ganz jungen, frischen Triebe mitverwenden. Die Staude in feine Scheiben schneiden und in der Margarine kurz durchrösten. Mit ⅜ l Wasser auffüllen. Dazu kommen der Brühwürfel und die Kochflüssigkeit vom Seeaal, die durchgesiebt wird. Das Ganze nochmals 10 Minuten kochen.
In dieser Zeit den Seeaal in Stücke teilen und die mittlere Gräte lösen. Die Seeaalstücke kommen nach Beendigung der Kochzeit in die Suppe. Während sie darin heiß werden, die Suppe nochmals abschmecken; eventuell mit Salz, auf jeden Fall mit Pfeffer.

Räucherfilet in Erbscremesuppe

1 EL Margarine, 2 Zwiebeln, ½ l Wasser, 3 EL Erbspüree-Pulver (Fertigprodukt), Worcestersoße, Muskatnuß;
1–2 Scheiben Räucherfilet (je nach Größe, zum Beispiel vom Rotbarsch, etwa 300 g);
1 Bund Petersilie.

In der Margarine die gepellten, gewürfelten Zwiebeln anrösten und mit Wasser auffüllen. Das Erbspüree-Pulver mit einem Schneebesen einrühren, sobald das Wasser zu kochen beginnt. Die Suppe mit Worcestersoße und Muskat abschmecken.
Vom Räucherfilet die dicke Außenhaut abziehen, und das Fischfleisch stückchenweise von der Mittelgräte abtrennen. In der Suppe heiß werden lassen.
Die Petersilie waschen, abtropfen lassen und fein hacken, dann über die in Tellern oder Suppentassen angerichtete Suppe streuen.

Salate

Salate mit Fisch sollte man nie in zu großen Mengen anbieten, sondern lieber zwei verschiedene Sorten. Man kann für gewöhnlich einfach nicht soviel davon essen, sondern greift lieber danach zu einem Happen Käse. Aus diesem Grunde ergeben die folgenden Rezepte, die für vier Personen berechnet sind, keine Riesenschüsseln voll.

Zu den Fischsalaten passen – besonders bei Gästebewirtungen – jederzeit auf gesonderten Platten: Hartgekochte Eier · Tomatenscheiben mit gehackten Zwiebeln · Salatgurkenscheiben mit Dillmarinade · Senf- oder Gewürzgurken · eingelegte Kürbisstückchen oder Rote Beete · Radieschen oder Rettich.
Anstelle der meist üblichen Brötchen oder Toastscheiben munden zu den Fischsalaten die kräftigeren Brotsorten wie Zwiebelbrot · Kümmelstangen oder Salzstangen · Laugenbrezeln · Schwarzbrot oder Roggenbrötchen. Wenn es dennoch Weißbrot sein soll, dann kann man eine Stange in Scheibenabständen einschneiden und – mit Knoblauchpulver und Butter zwischen den Scheiben – in Alufolie im Ofen erhitzen und warm dazu reichen.

Schillerlocken-Salat

*½ kl. Glas Selleriesalat (Fertigprodukt, geraspelt oder in Scheiben),
2 Zwiebeln, 2 EL Essig, 3 EL Öl, 2 kl. säuerliche Äpfel,
3 Gewürzgürkchen bzw. Cornichons, je 1 kl. rote und grüne
Paprikaschote, Salz, Pfeffer;
300 g Schillerlocken.*

Den Selleriesalat (ruhig mit Einlegeflüssigkeit) in einer Schüssel mit den gepellten, gewürfelten Zwiebeln, Essig und Öl mischen. Die gewaschenen, geschälten, entkernten, in Scheiben geschnittenen Äpfel, die in Scheiben geschnittenen Gewürzgürkchen und die gewaschenen, halbierten, von Kernen und Samensträngen befreiten, in Streifen geschnittenen Paprikaschoten dazugeben. Salz und Pfeffer über die Zutaten streuen, mischen und nachschmecken.
Die Schillerlocken in schmale Stückchen schneiden und zum Schluß unter die Salatzutaten mischen.

Schillerlocken-Salat

Fisch-Chicorée-Salat

Fisch-Chicorée-Salat

2–3 Chicorée (etwa 400 g);
1 kl. Dose Mandarinen;
1 EL Öl, 1 EL Zitronensaft, 4 EL Saft von den Mandarinen,
je 1 Prise Salz und Zucker, einige Tropfen Worcestersoße;
250 g Räucherfisch (z.B. Goldbarschfilet oder Heilbutt).

Von den Chicorées zunächst die schlechten Blätter entfernen. Die dann folgenden, größeren Blätter vorsichtig abnehmen, waschen, auf Küchenkrepp abtropfen lassen und nebeneinander sternförmig auf einer runden Platte anrichten.
Die Obstdose öffnen und die Mandarinenscheibchen auf einem Sieb abtropfen lassen.
Von den restlichen Chicorées den unteren spitzen Keil entfernen und die Blätter in Streifen schneiden.
Aus Öl, Zitronensaft, Mandarinensaft (den Rest anderweitig verwenden), Salz, Zucker und Worcestersoße eine Marinade rühren. Diese mit den Chicoréestreifen mischen. Die abgetropften Mandarinenscheiben darübergeben.
Nun den Räucherfisch in Stückchen schneiden, dabei die dicke Räucherhaut und die Gräten entfernen. Die Fischstückchen zu den übrigen Salatzutaten geben und vorsichtig alles miteinander mischen. Diesen Salat auf den schiffartigen großen Chicoréeblättern anrichten.

Thunfischsalat mit schwarzen Böhnchen

¾ Tasse schwarze Bohnen (kleine Sorte, 100 g), 3 Tassen Wasser, Salz, 1 Lorbeerblatt;
Pfeffer, Knoblauchpulver, 2 gr. Zwiebeln;
2 Dosen Thunfisch in Öl (jede mit 185 g Nettogewicht),
8 EL flüssige süße Sahne.

Die Bohnen im Wasser einweichen und über Nacht stehenlassen. Am nächsten Tag mit Salz und dem Lorbeerblatt zwei Stunden kochen, auf einem Sieb abtropfen lassen (die Kochflüssigkeit wird nicht weiter verwendet). Die noch heißen Bohnen in einer Schüssel mit Pfeffer und Knoblauchpulver würzen und mit den gepellten, halbierten, in dünnste Scheiben geschnittenen Zwiebeln vermischen. Erkalten lassen.
Die Fischbüchsen öffnen, das Öl abgießen (wird nicht verwendet) und den Thunfisch zu den Bohnen geben. Beim Umrühren mit den Bohnen gleichzeitig etwas zerpflücken. Zuletzt die süße Sahne untermengen.

Matjessalat ganz frisch

4 milde Matjesfilets;
100 g Mayonnaise, 1 Töpfchen Sahnejoghurt, je 1 Bd. Petersilie, Schnittlauch und Dill;
1 gr. Apfel, 3 Tomaten, ½ Salatgurke.

Die Matjesfilets unter fließendem Kaltwasser abspülen, dabei größere, sichtbare Gräten entfernen. Die Filets auf Küchenkrepp zum Abtropfen legen.
Die Mayonnaise mit Sahnejoghurt cremig rühren. Die Kräuter waschen, gut abtropfen lassen und fein hacken, dann unter die Mayonnaise mischen.
Die Matjesfilets in feine Streifen schneiden und in die Kräutermayonnaise gleiten lassen. Den gewaschenen, geschälten, entkernten, gewürfelten Apfel, die mit kochendem Wasser überbrühten, gehäuteten, in Stückchen geschnittenen Tomaten und die geschälte, in Streifen geschnittene Salatgurke hinzufügen. Alles gut vermengen.

Räucherfisch-Sellerie-Salat

4 EL Öl, 2 EL Essig, 1 KL Senf, 1 Zwiebel, Salz, Pfeffer, Zucker; 400 g Räucherfisch (z.B. Schillerlocken oder geräucherte Rotbarsch- oder Heilbuttscheiben), 1 kl. Glas oder Dose Sellerie, 1 Apfel, 120 g Käse, einige feste Salatblätter.

Aus Öl, Essig und Senf eine Marinade rühren und die gepellte, feingewürfelte Zwiebel dazugeben. Mit Salz, Pfeffer und einer Prise Zucker würzen.
Den Räucherfisch (enthäutet, entgrätet, zerpflückt), den Sellerie (gut abgetropft, in Streifen geschnitten), den Apfel (gewaschen, geschält, halbiert, entkernt, in Streifen geschnitten), den Käse (in Streifen geschnitten) sowie die Salatblätter (gewaschen, abgetropft, in Streifen geschnitten) mit der Marinade vermengen. Vor dem Servieren nicht zu lange ziehen lassen.

Kartoffel-Herings-Salat mit Wachsbohnen

8 kl. Kartoffeln, Salz;
2 Zwiebeln, 1 Knoblauchzehe, 2 EL Essig, 2 EL Zigeunersoße (Fertigprodukt), 2 EL Wasser, 1 EL Öl, 1 KL getrocknete Dillspitzen, 1 Prise Thymian;
1 kl. Dose Wachsbrechbohnen (Einwaage 250 g), Pfeffer;
3 milde, feste Matjesfilets;
2 Bd. Petersilie.

Die gewaschenen Kartoffeln in der Schale garen, pellen, in Scheiben schneiden und lagenweise mit Salz überstreuen.
Die Zwiebeln pellen und würfeln. Die Knoblauchzehe schälen und durch die Knoblauchpresse zu den Zwiebelwürfeln drücken. Essig, Zigeunersoße, Wasser, Öl, Dillspitzen und Thymian dazugeben. Kräftig mit der Gabel verschlagen. Über die noch heißen Kartoffelscheiben geben, miteinander vermengen und erkalten lassen.
Dann die abgetropften Bohnen hinzufügen, sogleich schwach salzen und kräftig pfeffern.
Die Heringsfilets gründlich unter fließendem Kaltwasser waschen, trockentupfen, in viereckige Stückchen schneiden und zum Salat geben. Umrühren und durchziehen lassen.
Vor dem Servieren die gewaschene, abgetropfte, gehackte Petersilie unterziehen.

Tip: Für dieses Rezept eignen sich auch die fertig abgepackten Heringsfilets im Plastikbeutel. Zwei Beutel davon verwenden (Inhalt je 125 g).

Räucherfisch-Sellerie-Salat

Bismarckhering in bunter Mischung

1 Töpfchen saure Sahne, 7 EL süße Sahne, 2 KL Zucker, Pfeffer, 1 Zwiebel, 1 Apfel, 1 Glas Pusztasalat süß-sauer (Fertigprodukt, 220 g);
2 eingelegte Bismarckheringe.

Saure und süße Sahne mit Zucker und Pfeffer mischen und die gepellte, fein gewürfelte Zwiebel hinzufügen. Den Apfel waschen, schälen und direkt in die Soße hobeln, so daß nur der Strunk übrig bleibt. Dazu den gut abgetropften Pusztasalat geben und alles verrühren.
Von den Bismarckheringen die Haut abziehen. Die Filets in Streifen schneiden und zu den übrigen Salatzutaten geben.

Kurzgebratenes für den Kinderteller

Kinder mögen im allgemeinen Fisch, solange sie ein gebratenes Filet oder die beliebten Fischstäbchen auf dem Teller haben. Ein Schlemmer-Filet à la Bordelaise (tiefgefrorenes Fertigprodukt) aus dem Backofen darf es auch gerade noch sein. Bei neuen Gerichten reagieren unsere Sprößlinge aber zum größten Teil konservativ. Und doch reizt es jede Mutter, die für sich und ihre Kinder ein warmes Mittagessen bereitet, etwas Abwechslung in den Wochenalltag zu bringen.

Die folgenden Rezepte sind für drei Personen – beispielsweise Mutter und zwei Kinder – berechnet, für den kleinen Mittagstisch also, wenn der Vater in der Kantine verpflegt wird. Versuchen wir einfach einmal, unseren heranwachsenden Essern Gerichte aufzutischen, die sie in dieser Zusammensetzung noch nicht kennen.

Seelachsfilet auf Zwiebeln und Kapern

3 Portionen Seelachsfilet, Essig, Salz;
Öl, 2 Zwiebeln, 1 Röhrchen Kapern.

Die gewaschenen Filetstücke mit Essig beträufeln und salzen, dann 15 Minuten ziehen lassen.
Das Öl in der Pfanne erhitzen. Die gepellten, gewürfelten Zwiebeln und die abgetropften Kapern hineingeben. Die Fischstücke auf die Zwiebeln legen und von einer Seite 6 Minuten braten. Die Filets mit einem Pfannenmesser dann so wenden, daß die Zwiebeln und Kapern mit auf die Oberseite des Filets kommen. Nochmals 6 Minuten braten. Heiß servieren.
Dazu Salzkartoffeln und eine helle Dillsoße (Fertigprodukt) servieren, als Dessert aufgeschnittene Pampelmusenhälften, mit Zucker bestreut.

Fischstäbchen süß-sauer

2 Zwiebeln;
1 Packung Fischstäbchen (tiefgefroren, 10 Stück), 2–3 EL Öl;
1½ Tassen Wasser, 4 EL Essig, 3 EL Zucker, Salz, Paprikapuder, Pfeffer.

Die Zwiebeln pellen, in ganz dünne Scheiben schneiden, in Ringe teilen und diese in eine möglichst flache Schüssel legen (beispielsweise Deckel einer Glas-Auflaufform).
Die Fischstäbchen in heißem Öl von beiden Seiten braten und heiß nebeneinander auf die Zwiebelringe legen.
Das Wasser aufkochen, Essig und Zucker einrühren und mit Salz, Paprikapuder und Pfeffer würzen. Die Marinade heiß über Fisch und Zwiebelringe gießen. Erkalten und durchziehen lassen.
Dazu Kartoffel- oder Nudelsalat reichen, als Dessert Melone oder Pfirsichkompott.

Krabben in Eierkuchen

3 Eier, 3 EL Mehl, 1 Msp. Backpulver, Öl;
250 g Krabbenfleisch;
3 EL geriebener Käse.

Aus Eiern, Mehl und Backpulver einen Teig rühren ohne Zugabe von Flüssigkeit. In einer kleinen Pfanne (Durchmesser 15–16 cm) Öl erhitzen und nacheinander drei Eierkuchen backen. Dafür pro Eierkuchen ⅓ der Teigmenge in die Pfanne gießen und ⅓ des Krabbenfleisches in den noch flüssigen Teig legen. Nun die Unterseite fertig braten, den Eierkuchen mit Hilfe eines breiten Pfannenmessers geschickt umdrehen und die zweite Seite braten. Heiß servieren, geriebenen Käse darüberstreuen.
Dazu Tomatensalat servieren. Als Vorspeise paßt eine Ochsenschwanzsuppe, als Dessert Himbeerjoghurt.

Bratfilet mit buntem Hack

1 Ei, 2 EL Mehl, 1-2 EL Milch;
3 Portionen Seelachsfilet, Essig, Salz, 3-5 EL Öl;
2 hartgekochte Eier, 2 feste Tomaten, 1 Röhrchen Kapern,
1 Bd. Schnittlauch, Pfeffer.

Das Ei mit dem Mehl und der Milch in einem tiefen Teller verrühren. Das Fischfilet waschen, abtupfen, mit Essig beträufeln, etwas ziehen lassen, dann beidseitig salzen und im Eierkuchenteig wenden. In heißem Öl von beiden Seiten braten.
Die kalten, gepellten Eier und die gewaschenen Tomaten in Würfel schneiden, mischen und die abgegossenen Kapern sowie den gewaschenen, zerkleinerten Schnittlauch hinzufügen. Vermengen und mit Salz und Pfeffer abschmecken. Dieses buntgemischte Hack über den gebratenen Fisch verteilen.
Dazu Pellkartoffeln und Remouladensoße (Fertigprodukt) servieren, als Dessert Apfelsinenspeise (Fertigprodukt, ohne Kochen zuzubereiten).

Schollenfilets auf Schinkenwürfeln

1 Packung Schollenfilets (tiefgefroren, Füllgewicht 250 g),
Essig, Salz, Mehl;
75-100 g Karbonadenschinken, 2 EL Öl.

Die Schollenfilets soweit antauen lassen, daß sie sich aus dem Papier lösen lassen. Die Filets unter fließendem Kaltwasser waschen, abtropfen lassen und beidseitig mit Essig beträufeln, dann etwas ziehen lassen. Die Filets trockentupfen, beidseitig salzen und mit Mehl bestreuen; dieses gut anklopfen.
Den Schinken würfeln und in der heißen Pfanne im Öl ausbraten. Die Schollenfilets auf den Schinken legen, 5 Minuten braten und dann mit einem breiten Pfannenmesser so wenden, daß die Schinkenwürfel mit nach oben kommen. Eventuell etwas Öl nachgießen. Nochmals 5 Minuten braten und anrichten.
Dazu Salzkartoffeln und grüne Erbsen reichen, als Dessert Vanilleflammeri mit Stachelbeerkompott.

Bratfilet mit buntem Hack

Fischspieße

Pro Spieß:
1 Fischstäbchen (tiefgefroren), 4 Stückchen frische,
grüne oder rote Paprikaschoten, 3 dicke Scheiben Banane,
1 langes Holzstäbchen, Öl.

Die Fischstäbchen so antauen lassen, daß sie sich jeweils in vier Stückchen schneiden lassen. Auf je einen Holzspieß nacheinander ein Paprikastück, ein Fischstäbchenviertel und eine Bananenscheibe stecken, so lange, bis die Zutaten aufgebraucht sind. So viele Spieße zubereiten, wie voraussichtlich gegessen werden, mindestens aber zwei pro Person.
Öl in der Pfanne erhitzen. Die Spieße darin von allen Seiten nicht zu scharf braten (Deckel auf die Pfanne). Heiß servieren.
Dazu nach Wunsch eine milde Senf-Mayonnaisen-Soße reichen, als Dessert Hefeklöße mit Backobst-Kompott oder Milchreis mit Kirschkompott.

Seemannsschnitzel mit Ananas

1 Packung Seemannsschnitzel (tiefgefroren) oder 3 frische
Fischfrikadellen, 3-4 EL Öl, 3-4 Scheiben Ananas (aus der Dose).

Die Seemannsschnitzel oder Fischfrikadellen im heißen Öl von beiden Seiten braten. Gleich auf vorgewärmten Tellern anrichten und im Bratfett ganz schnell die zuvor auf abgetropften Ananasscheiben von jeder Seite braten. Auf den Fisch legen und unverzüglich servieren.
Dazu Kartoffelpüree servieren, nach Geschmack mit gebratenen Zwiebelscheiben. Als Dessert Nuß- oder Karameljoghurt reichen.

Fischstäbchen auf Rührei-Toast

1 Packung Fischstäbchen (tiefgefroren), 2-3 EL Öl;
5 Eier, Salz, Paprikapuder, Muskat, Margarine;
3 Scheiben Toastbrot.

Die Fischstäbchen in heißem Öl von beiden Seiten braten.
Die Eier mit Salz, Paprikapuder und Muskat gut verquirlen und gesondert in der heißen Margarine braten.
Die Weißbrotscheiben beidseitig toasten.
Auf die Toastscheiben das Rührei und darauf die Fischstäbchen setzen. Mit Tomatenecken oder Petersiliensträußchen garnieren.
Dazu grünen Salat mit Tomaten servieren, als Dessert Obstsuppe.

Fischfrikadellen mit Paprikagemüse

1 Scheibe fetter Speck (ca. 50 g), 2 mittelgroße Zwiebeln,
2 gr. grüne Paprikaschoten, Salz, Paprikapuder,
4 EL Tomatenketchup, 2 EL Büchsenmilch;
1 Packung Fischfrikadellen (tiefgefroren) oder 3 frische
Fischfrikadellen, Öl.

Den gewürfelten Speck ausbraten, die gepellten, gehackten Zwiebeln dazugeben und bräunen lassen. Die Paprikaschoten halbieren, innen von Kernen und Samensträngen befreien, waschen, nochmals der Länge nach teilen, in feine Streifen schneiden und zu den Zwiebeln geben. Mit Salz, Paprikapuder, Tomatenketchup und Büchsenmilch anreichern. Umrühren und bei schwacher Hitze 10 Minuten garen. Öfters prüfen, daß das Gemüse nicht ansetzt.
Die Fischfrikadellen (die tiefgefrorenen unaufgetaut) in das erhitzte Öl legen und von jeder Seite etwa 6 Minuten braten.
Auf jede Fischfrikadelle einen Berg Paprikagemüse setzen und heiß servieren.
Dazu Kartoffelpüree reichen und als Dessert Dickmilch mit Aprikosensoße (Fertigprodukt).

Fischfrikadellen mit gefüllten Tomaten

3 feste Tomaten, 100-125 g Fleischsalat (Fertigprodukt), Worcestersoße, Pfeffer, 1 Prise Zucker, Salz, 1 Gläschen eingelegte Maiskölbchen (Einwaage 110 g);
3 frische Fischfrikadellen, Öl.

Die Tomaten waschen. Von jeder einen Deckel abschneiden und diesen in einem tiefen Teller in Würfelchen schneiden. Die Tomaten über dem Teller aushöhlen. Den Fleischsalat mit dem Tomateninneren und den Würfelchen verrühren, mit Worcestersoße, Pfeffer und Zucker nachwürzen. Den Salat gleich auf die Mittagsteller verteilen (pro Portion 1½ Eßlöffel). Die ausgehöhlte Tomate danebenlegen und innen salzen. In jede Tomate 4-5 abgetropfte Maiskölbchen aufrecht hineinstellen.
Die Fischfrikadellen im heißen Öl in der Pfanne von beiden Seiten braten und heiß mit den gefüllten Tomaten servieren.
Dazu Salz- oder Pellkartoffeln reichen, als Dessert Rote Grütze mit Milch.

Fischstäbchen mit Paprikareis

1 Zwiebel, 1 grüne Paprikaschote, 1 EL Öl, 2 Tassen Reis, 4 Tassen Fleischbrühe (Würfel), Paprikapuder; 1 Packung Fischstäbchen (tiefgefroren), 3-4 EL Öl.

Zwiebel pellen, Paprikaschote halbieren, entkernen und waschen. Beides würfeln und im Öl andünsten, dann den Reis dazugeben. Umrühren, die angerührte Brühe hinzufügen und mit Paprikapuder würzen. Alles aufkochen lassen und bei kleiner Hitze garen (ca. 20 Minuten). Anrichten und mit Tomatenachteln oder roten Paprikastreifen nach Geschmack garnieren.
Die Fischstäbchen in heißem Öl von beiden Seiten braten. Auf dem Reis anrichten oder gesondert dazu reichen. Dazu Tomatenketchup reichen, als Dessert Apfelmus.

Tip: Fischstäbchen lassen sich der Abwechslung halber mit Fischfrikadellen (frisch gekauft oder tiefgefroren) oder Seemannsschnitzeln (tiefgefroren) austauschen.

Fischfilet mit Spiegelei

3 Portionen Rotbarschfilet, Essig, Salz, Semmelmehl, Öl; 3 Eier, Margarine, Paprikapuder.

Die Fischfilets unter fließendem Kaltwasser waschen, abtupfen, mit wenig Essig beträufeln und 15 Minuten ziehen lassen. Danach beidseitig salzen und fest in Semmelmehl wälzen (überschüssiges Semmelmehl abschütteln). Öl in der Pfanne erhitzen und die Filets von jeder Seite etwa 6 Minuten schön krustig braten.
In einer zweiten Pfanne die Margarine erhitzen und die Eier hineinschlagen.
Auf jedem Fischfilet ein Spiegelei anrichten, mit Salz bestreuen und nach Geschmack auch mit Paprikapuder. Sofort servieren.
Dazu: Kartoffelsalat und Senfgurke reichen, als Dessert Mandarinen, Pfirsiche oder anderes Obst der Saison.

Fischstäbchen mit Paprikareis (rechts)
Fischstäbchen auf Rührei-Toast (vorne)

Zum Mittagessen – Fisch!

Im folgenden Kapitel gibt es eine Menge Anregungen, Hauptmahlzeiten mit Fisch abwechslungsreich zu gestalten. Alle Rezepte sind für vier Personen berechnet.

Fisch mit Kräutersoße

800 g Fischfilet, Zitronensaft, Salz;
60 g Margarine, 80 g Mehl, ⅜ l Wasser, 1 Tasse Milch, Pfeffer,
1 Msp. Zucker, 1 Schuß Worcestersoße;
je 1 Bd. Petersilie, Schnittlauch und Dill.

Das Fischfilet unter fließendem Kaltwasser gründlich waschen, in größere Stücke schneiden und mit Zitronensaft marinieren. Etwas ziehen lassen, dann mit Salz bestreuen.
Die Margarine schmelzen, das Mehl einstreuen und anschwitzen, mit Wasser und Milch auffüllen und zu einer dicken Soße aufkochen (der Fisch gibt noch Flüssigkeit ab). Die Soße mit Salz, Pfeffer, Zucker und Worcestersoße würzen, den Fisch einlegen und bei schwacher Hitze in etwa 15 Minuten garziehen lassen. Erst vor dem Servieren die gewaschenen, abgetropften, zerkleinerten Kräuter unterrühren.
Dazu Kartoffelpüree servieren.

Kabeljau mit Gemüse in Blätterteig

2 EL Öl, 1 Packung Blätterteig (tiefgefroren, 300 g, 5 backfertige Scheiben), 1 Packung Balkangemüse (tiefgefroren, 300 g), Pfeffer,
1 Packung Kabeljaufilet (tiefgefroren, 4 Portionen, 400 g),
Saft von ½ Zitrone, Salz, Sojasoße, französische Gewürzmischung,
Paprika, 3 EL Tomatenketchup, 3 EL süße Sahne, 1 Eigelb.

Eine Auflaufform mit Öl auspinseln. Den Blätterteig so antauen lassen, daß man die einzelnen Platten auseinandernehmen kann. Drei Teigplatten zuunterst in die Form legen und eventuell an den Seiten hochziehen (je nach Größe der Form). Das Gemüse etwas antauen lassen und die Hälfte davon auf den Blätterteigboden geben, darüber Pfeffer streuen. Das Kabeljaufilet ebenfalls antauen lassen und auf dem Gemüse verteilen. Mit Zitronensaft, Salz und Sojasoße würzen. Nun das restliche Gemüse darauf anordnen und mit französischer Gewürzmischung und Paprika bestreuen. Tomatenketchup und süße Sahne über das Gemüse verteilen. Mit den beiden Blätterteigplatten abdecken. Das verquirlte Eigelb auf den Teig pinseln.
Den Ofen auf höchster Stufe vorheizen (Strom: 250°, Gas: 6-7). Den Auflauf hineinschieben und bei unveränderter Hitze in 40 Minuten garen.

Fischkoteletts mit gefüllten Tomaten

4 Kabeljaukoteletts, Zitronensaft, Salz, Öl;
8 Tomaten, 1 Packung Erbsen (tiefgefroren) oder 1 kl. Dose,
1 EL Margarine, Salz, Zitronensaft, Pfeffer, 1 Prise Zucker,
1 Bd. Petersilie.

Die Fischstücke unter fließendem Kaltwasser waschen, abtupfen, beidseitig mit Zitronensaft beträufeln, etwas ziehen lassen, dann salzen.
Die Tomaten waschen, von jeder einen Deckel abschneiden, aushöhlen und innen leicht salzen.
Die Erbsen antauen beziehungsweise abtropfen lassen, in der flüssigen Margarine kurz erhitzen und mit Salz, etwas Zitronensaft, Pfeffer und Zucker würzen. Die gewaschene, abgetropfte, zerkleinerte Petersilie zum Schluß beifügen.
Die Kabeljaukoteletts im erhitzten Öl von jeder Seite 5-7 Minuten braten und auf einer vorgewärmten Platte anrichten. Die Tomaten dazustellen und mit den Erbsen füllen. Restliche Erbsen auf der Platte mit anrichten.
Dazu Salzkartoffeln reichen.

Fisch mit Currysoße

*1 kg Kochfisch (1 ganzer kl. Fisch oder Schwanzstück, küchenfertig ausgenommen);
2 Tassen Wasser, 1 Tasse Essig, 1 Zwiebel, 1 Lorbeerblatt, einige Pfefferkörner, Salz;
30 g Margarine, 40 g Mehl, 1 Tasse Milch, 4 EL süße Sahne, Curry, ½ reife Banane.*

Den Fisch unter fließendem Kaltwasser gründlich waschen, die Flossen und den Schwanz abschneiden.
Wasser, Essig, die gepellte Zwiebel, das Lorbeerblatt, die Pfefferkörner und genügend Salz zusammen aufkochen und etwa 10 Minuten ziehen lassen. Dann erst den Fisch in den Sud legen und bei ausreichender Hitze, aber ohne ihn zu kochen, in 20–30 Minuten garen. Auf einer vorgewärmten Platte anrichten und warm stellen.
Die Margarine schmelzen, das Mehl einrühren und durchschwitzen. 1 Tasse durchgesiebte Fischbrühe unter Rühren dazugeben, Milch und süße Sahne hinzufügen, aufkochen und mit Curry kräftig abschmecken. Die Banane schälen, mit einer Gabel zerdrücken und unter die Soße rühren.
Dazu Kartoffelkroketten servieren.

Fischröllchen in Tomatensoße

*1 EL Margarine, 2 Zwiebeln, 1 grüne oder rote Paprikaschote, 2 Tomaten, 1 Bd. Schnittlauch, Paprikapuder, Salz;
4 dünne, längliche Fischfilets, Zitronensaft oder Essig, Salz;
30 g Margarine, 1 Zwiebel, 40 g Mehl, 1 Döschen Tomatenmark, 2 EL Tomatenketchup, ¼ l Wasser, ⅛ l Milch, Pfeffer, Paprikapuder, 4 EL süße Sahne.*

Die Margarine auslassen und die beiden gepellten, gewürfelten Zwiebeln darin anrösten. Die gewaschene, halbierte, von Kernen und Samensträngen befreite, in Stückchen geschnittene Paprikaschote sowie die gewaschenen, halbierten, von Kernen befreiten, zerschnittenen Tomaten hinzugeben. 10 Minuten bei schwacher Hitze dünsten. Den gewaschenen, abgetropften, in dünne Ringe geschnittenen Schnittlauch beifügen. Mit Salz und Paprikapuder würzen, dann zum Erkalten beiseite stellen.
Die Filets unter fließendem Kaltwasser waschen, abtupfen, mit Essig oder Zitronensaft beträufeln und salzen. Jedes Filet mit einem Viertel der Paprikafüllung bestreichen und aufrollen. Mit einem Faden umwickeln oder mit Holzstäbchen feststecken.

Fischkoteletts, Fischröllchen, Fisch mit Currysoße

Für die Soße die Margarine erhitzen und darin die gepellte, gewürfelte Zwiebel rösten, dann das Mehl dazugeben. Das Tomatenmark und das Ketchup einrühren und unter weiterem Rühren Wasser und Milch hinzufügen. Aufkochen, mit Salz, Paprikapuder und Pfeffer würzen. Zuletzt die süße Sahne beigeben.
Die gefüllten Fischröllchen aufrecht in die Soße stellen und in 20 Minuten bei schwacher Hitze garen.
Dazu Gemüsereis servieren.

Seelachs in Paprikaschoten

4 gleichgroße, grüne Paprikaschoten;
1 Packung Seelachsfilet (tiefgefroren, Inhalt 400 g, 4 Portionen), Zitronensaft, Salz;
1 Stückchen Margarine, 1 Zwiebel, 8 EL Tomatenketchup;
2 längliche große oder 4 viereckige kleine Scheiben Gouda- oder Emmentaler Käse (vorgeschnitten).

Von den Paprikaschoten an der Stielseite einen Deckel abschneiden. Die Schoten innen von den Kernen und Samensträngen befreien, waschen und auf Küchenkrepp abtropfen lassen. Dann in jede Paprikaschote unten mit dem Messer zwei kleine Löcher einstechen, damit später der Fischsaft auslaufen kann.
Den Fisch antauen lassen, so daß die einzelnen Portionen teilbar sind. Jedes Filetstück in acht Würfel schneiden, diese sparsam mit Zitronensaft beträufeln und gründlich salzen. Je acht Würfel in eine Paprikaschote füllen. Wenn die Fischstücke zunächst aus der Frucht herausragen, macht das nichts, sie sacken beim Garen zusammen. Die Deckel der Paprikaschoten für einen Salat oder eine Suppe verwenden.
In einem flachen, breiten Topf die Margarine erhitzen und die gepellte, gewürfelte Zwiebel darin andünsten. Das Ketchup einrühren und die Schoten in diese Soße aufrecht nebeneinander stellen. Bei geschlossenem Deckel in 30 Minuten garen, ohne daß die Soße sprudelnd kocht.
10 Minuten vor Ende der Garzeit auf jede Paprikaschote eine halbe große oder eine kleine Käsescheibe legen. Den Käse vorher so zusammenfalten, daß er genau auf dem Fisch liegt und nicht übersteht. Das Gericht dann fertig garen.
Die Paprikaschoten vorsichtig herausheben und anrichten. Die Soße umrühren, damit Tomatenketchup und Fischsud sich mischen. Die Soße über die Paprikaschoten verteilen; sie kann noch in den Fisch hineinlaufen.
Dazu Paprikareis servieren.

Fischragout mit Schalotten

750-800 g Fischfilet (je 1 Filet Seelachs, Kabeljau und Rotbarsch), Essig, Salz;
½ Bund Schalotten (mindestens 4), 2 Päckchen Currysoße (Fertigprodukt), 2 Eigelb, 4 EL süße Sahne, 2 EL Sherry.

Das Fischfilet unter fließendem Kaltwasser waschen, in mundgerechte Stücke schneiden und mit Essig beträufeln. Etwas ziehen lassen, dann mit Salz bestreuen.

Die Schalotten putzen, in Scheiben schneiden (auch das Grüne), waschen und abtropfen lassen.
Nach Paketaufschrift die Currysoße bereiten. Fischstückchen und Schalottenscheiben in der Soße etwa 15 Minuten garen, jedoch nicht sprudelnd kochen. Das Eigelb mit der Sahne verrühren und zum Schluß unter die Soße ziehen. Mit Sherry würzen.
Dazu Kartoffelpüree oder Reis servieren.

Heilbutt auf Champignons

1 gr. Dose Champignons (ganze Köpfe), 4 EL Büchsenmilch, 1 Zwiebel, 1 Bd. Dill, Salz, Pfeffer;
4 Scheiben Heilbutt, Zitronensaft, Pfeffer, Salz, Butterflöckchen.

Die Champignons auf einem Sieb abtropfen lassen und in eine Auflaufform geben. Die Büchsenmilch darüber verteilen. Die Zwiebel pellen, würfeln und über die Pilze streuen, ebenso den gewaschenen, abgetropften, zerkleinerten Dill. Mit Salz und Pfeffer würzen.
Die Heilbuttscheiben unter fließendem Kaltwasser gründlich waschen, dabei alles Schwarze aus dem Inneren mit dem Daumen herausstreifen. Den Fisch trockentupfen, mit Zitronensaft beträufeln, mit Pfeffer und Salz bestreuen und auf die Pilze legen.
Den Ofen auf höchster Stufe vorheizen (Strom: 250°, Gas: 6-7). Den Fisch einschieben und in 20 Minuten bei unveränderter Hitze garen.
Dazu paßt jede Art von Kartoffeln.

Heringe mit Zwiebeln und Tomaten

8 grüne Heringe (ohne Kopf, küchenfertig ausgenommen), Essig, Salz, etwas Öl;
3 Tomaten, 2 gr. Zwiebeln, einige Butterflöckchen.

Die Heringe waschen und filieren. Dazu jeden Hering an der Rückenlinie entlang einschneiden, auseinanderklappen und die Gräte entfernen. Die Filets noch einmal waschen, trockentupfen, mit Essig beträufeln, salzen und etwas ziehen lassen. Eine Auflaufform mit Öl dünn einpinseln und die Heringsfilets einschichten.
Die Tomaten mit kochendem Wasser überbrühen, häuten und in Scheiben schneiden. Die Zwiebeln pellen, in Scheiben schneiden und in Ringe teilen. Tomatenscheiben und Zwiebelringe zwischen die Heringsfilets legen, den Rest über den Fisch verteilen. Obenauf die Butterflöckchen setzen.
Den Backofen auf höchster Stufe (Strom: 250°, Gas: 6-7) vorheizen. Die Form einschieben und die Heringsfilets bei unveränderter Hitze 20 Minuten garen. Dazu Kartoffelsalat servieren.

Matjesfilets in Sahnesoße

8 milde, feste Matjesfilets;
2 Becher saure Sahne, 1 Becher Joghurt, ½ Becher süße Sahne,
1 KL scharfer Senf, 1 KL Essig, 1 KL Zucker, 1 KL Senfkörner,
2 gr. Zwiebeln, 1 gr. knackiger Apfel.

Die Matjesfilets unter fließendem Kaltwasser gründlich waschen, dabei größere sichtbare Gräten entfernen. Die Filets nur bei Bedarf etwas wässern. Trockentupfen und in eine Schüssel schichten.
Saure Sahne, Joghurt und süße Sahne verrühren, mit Senf, Essig, Zucker und Senfkörnern würzen. Die Zwiebeln pellen, halbieren, in feinste Scheibchen schneiden, diese zerpflücken und mit dem gewaschenen, geschälten, entkernten, gewürfelten Apfel zur Soße geben. Die Sahnesoße über die Heringe gießen. Mindestens zwei Stunden im Kühlschrank ziehen lassen (kann auch über Nacht sein).
Dazu neue Kartoffeln, in der Schale gekocht, oder Salzkartoffeln servieren.

Matjes mit Kräuterquark und Grillkartoffeln

8 Matjesfilets, 2 Zwiebeln, Dillzweiglein;
2 Packungen Kräuterquark (à 200 oder 250 g), 4 EL süße Sahne, Pfeffer, Paprikapuder, je 1 Bd. Petersilie, Schnittlauch und Dill;
4-8 mittelgr. Kartoffeln.

Die Matjesfilets unter fließendem Kaltwasser waschen, dabei größere sichtbare Gräten entfernen. Ein Stückchen Fisch probieren; schmeckt es zu salzig, den Fisch vor dem Servieren wässern. Jedes Filet abtupfen, zur Rolle wickeln, aufrecht nebeneinander auf eine Platte setzen und die gepellten, in Scheiben geschnittenen Zwiebeln in Ringen darüberstreuen. Mit Dillzweiglein garnieren.
Den Quark mit der Sahne verrühren, mit Pfeffer und Paprikapuder würzen. Die gewaschenen, abgetropften, zerkleinerten Kräuter untermischen.
Die Kartoffeln waschen, abtrocknen und einzeln fest in Alufolie wickeln. Im Backofen bei guter Mittelhitze (Strom: 200°, Gas: Stufe 4) in zwei Stunden garen. Kurz vor Beendigung der Garzeit die Folie oben etwas aufreißen, die Kartoffeln einschneiden und in diese Einschnitte etwas Salz und Pfeffer streuen.

Matjes mit Kräuterquark und Grillkartoffeln

Fischtaschen

1 Packung Fischfilet (tiefgefroren, 400 g), Salz, Pfeffer, Paprikapuder;
1 Packung Blätterteig (tiefgefroren, längliche, backfertige Scheiben);
4–5 kl. Scheiben Käse, 1 Eigelb.

Das Fischfilet und den Blätterteig auftauen lassen. Die Blätterteigscheiben nebeneinander ausbreiten. Das Fischfilet in Scheiben schneiden, mit Salz, Pfeffer und Paprikapuder würzen. Den Fisch jeweils auf die eine Hälfte der Blätterteigscheiben so verteilen, daß dazwischen noch je eine Scheibe Käse paßt. Die Blätterteigscheiben so über die Fischfüllung klappen, daß viereckige Taschen entstehen. Die Taschenoberseite mit verquirltem Eigelb bepinseln.
Ein Backblech mit kaltem Wasser abspülen und die Fischtaschen darauflegen. Den Ofen auf Mittelhitze (Strom: 200°, Gas: Stufe 4) vorheizen und dann das Blech einschieben. Die Fischtaschen 40 Minuten bei unveränderter Hitze backen. Noch heiß diagonal durchschneiden und anrichten. Bunt garnieren.
Dazu Remouladensoße reichen.

Räucherfisch im Tomatenbett

Etwas Öl, 8 mittelgr. Tomaten, Zwiebelsalz;
2 Scheiben geräucherter Rotbarsch (etwa 400 g);
4 Eier, 4 EL saure Sahne, 2 KL Stärkemehl, 2 Spritzer Tabascosoße,
1 gestrichener KL Paprikapuder;
1 Bd. Schnittlauch.

Eine Auflaufform dünn mit Öl auspinseln. Die Tomaten mit kochendem Wasser überbrühen, häuten, in Scheiben schneiden und in die Auflaufform schichten. Dabei sorgfältig mit Zwiebelsalz überstreuen. Vom Räucherfisch die seitliche dicke Haut abziehen. Das Fischfleisch zerpflücken, dabei die Gräten entfernen. Die Fischstücke auf die Tomaten verteilen.
Aus Eiern, saurer Sahne, Stärkemehl, Tabascosoße und Paprikapuder eine Soße quirlen und über den Fisch gießen.
Den Schnittlauch waschen, abtropfen lassen, in feine Ringe schneiden und als Abschluß über das Gericht streuen.
Den Ofen vorheizen (Strom: 200°, Gas: Stufe 3 ½). Den Auflauf hineinschieben und bei unveränderter Hitze 20 Minuten im Ofen lassen, damit die Eisoße stocken kann. Heiß servieren.
Dazu Pellkartöffelchen oder Brötchen servieren.

Fischtaschen

Bratfisch mit Sardellenei

*4 Portionen Fischfilet, Essig, Salz, Mehl, 1 Ei, Semmelmehl, Öl;
1 EL Margarine, 4 Eier, Salz, 1 Gläschen Sardellenfilets, ½ Zitrone.*

Das Fischfilet unter fließendem Kaltwasser gründlich waschen, abtupfen, mit Essig beträufeln und etwas ziehen lassen. Jedes Filet salzen, fest in Mehl drücken, in verschlagenem Ei und in Semmelmehl wenden. Die Filets in heißem Öl von beiden Seiten braten.
In einer zweiten Pfanne die Margarine erhitzen und vier Spiegeleier darin braten. Mit Salz bestreuen.
Die Filets auf einer Platte oder auf Tellern anrichten. Das Spiegelei mit Hilfe eines breiten Pfannenmessers auf den Fisch gleiten lassen. Auf die Spiegeleier die Sardellenfilets verteilen. Die Zitrone in vier Scheiben schneiden und zu den Filets legen. Nach Geschmack auf die Zitronenscheibe ein Sardellenröllchen setzen. Mit Petersiliensträußchen garnieren.
Dazu Salzkartoffeln und Paprikasalat (Fertigprodukt) reichen.

Fischfilet mit Mischpilzen

*1 Packung Fischfilet (tiefgefroren, 400 g);
50 g fetter Speck, 2 EL Mehl, ¼ l Wasser, ⅛ l Weißwein,
1 kl. Dose Mischpilze (Pilzeinwaage 250 g), 1 KL Zucker, Salz, geriebene Muskatnuß, je 1 Prise Thymian und Knoblauchpulver, Worcestersoße.*

Das Fischfilet vollkommen auftauen lassen.
Währenddessen den Speck würfeln und in einer genügend tiefen Pfanne, zu der es einen Deckel gibt, oder in einem runden, breiten Topf braun ausbraten. Erst dann das Mehl darin durchschwitzen. Wasser und Wein unter Rühren dazugeben und zum Kochen bringen. Die Soße kurz von der Herdstelle nehmen. Die gründlich abgetropften Pilze dazugeben (Pilzflüssigkeit wird nicht verwendet) und das Ganze mit Zucker, reichlich Salz, geriebener Muskatnuß, Thymian, Knoblauchpulver und Worcestersoße kräftig würzen.
Den Fisch in die Soße legen. Zugedeckt wieder auf den Herd stellen und das Gericht in 20 Minuten garen, ohne daß es zu heftig kocht.
Dazu Reis servieren.

Bratfisch mit Sardellen

Fisch-Kartoffel-Auflauf

Öl, 500 g Fischfilet, 4 Scheiben Frühstücksspeck oder geräucherter Schinken, 500 g Kartoffeln, 1 kl. Dose Gemüsemais, 2 Zwiebeln, Salz, Pfeffer, 1 Dose Tomatensuppe (Konzentrat, das mit der gleichen Menge Wasser aufgefüllt werden muß, berechnet für 4 Personen), einige Butterflöckchen.

Eine große Auflaufform mit Öl gut ausfetten.
Das Fischfilet unter fließendem Kaltwasser waschen, trockentupfen und in mundgerechte Stücke schneiden. Den Frühstücksspeck oder Schinken würfeln. Die Kartoffeln waschen, schälen und in hauchdünne Scheiben schneiden. Den Gemüsemais abtropfen lassen. Die Zwiebeln pellen und würfeln.
Als unterste Schicht eine Lage Kartoffelscheiben in die Auflaufform geben. Mit etwas Salz und Pfeffer würzen. Als nächstes kommt eine Schicht Schinkenwürfel, dann der Fisch. Mit Salz und Pfeffer bestreuen. Darüber die restlichen Schinkenwürfel und den Gemüsemais, vermischt mit den Zwiebelwürfeln, verteilen. Den Schluß bilden die restlichen Kartoffelscheiben. Salz und Pfeffer darüberstreuen. Die Dose mit der Tomatensuppe öffnen und den Inhalt ohne jede Wasserzugabe über den Auflauf geben (wird beim Überbacken dünn und verteilt sich überall hin). Einige Butterflöckchen obenauf setzen.
Den Backofen auf höchster Stufe vorheizen (Strom: 250°, Gas: 6-7) und den Auflauf einschieben. Jetzt die Hitze etwas herunterschalten (Strom: 200°, Gas: Stufe 4). In 40-50 Minuten garen. Zur Probe kurz in die Kartoffelscheiben stechen, um zu sehen, ob sie weich sind.

Thunfisch gedünstet auf Zwiebelscheiben

4 Scheiben frischer Thunfisch, Essig, Salz, Pfeffer; etwas Öl, 2 Zwiebeln, 4 EL Tomatenketchup, 2 EL süße Sahne, Paprikapuder, Worcestersoße.

Die Thunfischscheiben unter fließendem Kaltwasser waschen, trockentupfen und mit Essig beträufeln. Etwas ziehen lassen, später beidseitig mit Salz und Pfeffer würzen.
In einer tiefen Pfanne, zu der es einen Deckel gibt, das Öl erhitzen, und die gepellten, in dünnste Scheiben geschnittenen Zwiebeln darin andünsten. Tomatenketchup unterrühren, Sahne hinzugeben und mit Paprikapuder und Worcestersoße würzen. Dahinein die Fischscheiben legen und von jeder Seite zugedeckt sechs Minuten garen.
Dazu Wachsbohnen und Petersilienkartoffeln servieren.

Fisch mit Röstzwiebeln

1 Packung Kabeljaufilet (tiefgefroren, 400 g), Essig, Salz, Mehl, 1 Ei, 1 Beutel Röstzwiebeln (Fertigprodukt), Öl.

Die Fischfilets soweit antauen, daß sie sich in vier Portionen auseinandernehmen lassen. Die Fischstücke mit wenig Essig beträufeln, salzen und fest in Mehl drücken. Jedes Filet in verschlagenem Ei und dann in Röstzwiebeln wenden. Die Zwiebeln gut festdrücken.
Öl in der Pfanne erhitzen und die vorbereiteten Filets darin von beiden Seiten 4-6 Minuten braten, je nachdem, wie weit der Fisch aufgetaut war. Beim Wenden darauf achten, daß die Röstzwiebeln am Fischfleisch haften bleiben (breites Pfannenmesser verwenden).
Dazu Remouladensoße (Fertigprodukt) und Salzkartoffeln reichen.

Fischfilet mit Ingwer

4 Portionen Fischfilet, Salz, etwas Öl, 40 g Butter; ¼ KL gemahlener Ingwer, ¼ KL gemahlene Muskatnuß, 5 EL Zitronensaft, Pfeffer, 1 Ei, 1 gehäufter EL Mehl; 1 EL Margarine, 1 Zwiebel, 500 g rote und grüne Paprikaschoten (oder nur eine Sorte), 250 g Tomaten, Pfeffer, Paprikapuder; etwas gehackte Petersilie.

Das Fischfilet unter fließendem Kaltwasser gründlich waschen, abtupfen und beidseitig salzen.
Die Fettpfanne des Backofens mit Alufolie auslegen und diese dünn mit Öl bepinseln. Die Filets nebeneinander auf die Folie legen und die Butter in Flöckchen darauf verteilen. Den Backofen auf höchster Stufe (Strom 250°, Gas: 6-7) vorheizen. Den Fisch einschieben und in 15 Minuten fast garen.
Nun den Fischsud vorsichtig vom Blech in eine Kasserolle gießen und mit Ingwer, Muskatnuß, Zitronensaft, Pfeffer, Ei und Mehl verschlagen. Diese Masse unter Rühren bei starker Hitze stocken lassen, aber nicht zum Kochen bringen, und sodann auf die Fischfilets streichen. Im Ofen nochmals kurz überbräunen.
In einem Topf die Margarine schmelzen und die gepellte, gewürfelte Zwiebel darin andünsten. Die gewaschenen, halbierten, von Kernen und Samensträngen befreiten und in Streifen geschnittenen Paprikaschoten sowie die gewaschenen, geachtelten Tomaten dazugeben. Das Gemüse in 10 Minuten garen und mit Salz, Pfeffer und Paprikapuder abschmecken.
Das Gemüse auf einer vorgewärmten Platte anrichten. Die Fischfilets daraufsetzen und mit Petersilie bestreuen.
Dazu Salzkartoffeln reichen.

Fischfilet mit Bananen-Schinken-Auflage

4 Portionen Fischfilet, Essig, Salz, Öl;
4 Scheiben gekochter Schinken, 1 EL Margarine, 2 feste Bananen, etwas Curry.

Das Fischfilet unter fließendem Kaltwasser waschen, trockentupfen, mit Essig beträufeln, etwas ziehen lassen und dann beidseitig salzen. Öl in der Pfanne erhitzen. Die Filets darin von jeder Seite 4–6 Minuten braten.
In einer zweiten Pfanne die in kleine Würfelchen geschnittenen Schinkenscheiben in der Margarine kroß braten. Zuletzt die abgeschälten, in Scheiben geschnittenen Bananen kurz mit heiß werden lassen. Das Ganze mit Curry überpudern.
Die gebratenen Filets auf einer vorgewärmten Platte oder gleich auf Portionstellern servieren. Die Schinken-Bananen-Masse bergartig auf den Fischfilets anrichten.
Dazu Kartoffelsalat reichen.

Fischfilet auf Rauchsalz-Zwiebeln

4 Portionen Fischfilet, Essig, Salz, Paprikapuder;
40 g Speck, 500 g Zwiebeln, Rauchsalz;
1 Bd. Petersilie.

Das Fischfilet unter fließendem Kaltwasser gründlich waschen, trockentupfen, mit Essig beträufeln und etwas ziehen lassen. Später beidseitig mit Salz und Paprikapuder bestreuen.
Den Speck in kleinste Würfelchen schneiden und in einer tiefen Pfanne, zu der es einen Deckel gibt, auslassen. Die Zwiebeln pellen, in Scheiben schneiden und zum Speck geben. Unter Rühren Rauchsalz dazustreuen.
Auf diese Speck-Zwiebel-Mischung nun die Fischscheiben legen. Den Deckel auf die Pfanne legen und den Fisch 15 Minuten dünsten. Vor dem Servieren gewaschene, abgetropfte, gehackte Petersilie über den Fisch streuen.
Dazu Bratkartoffeln und Salat reichen.

Fischfilet mit Ingwer

Fischfilet mit Zucchini

Fischfilet mit Zucchini

4 Portionen Fischfilet, Essig, Salz, Pfeffer, Öl;
2 Zwiebeln, 2 Tomaten, 300 g Zucchini, 1 Knoblauchzehe, Salz, Pfeffer, Thymian.

Das Fischfilet unter fließendem Kaltwasser gründlich waschen, trockentupfen, mit Essig beträufeln und etwas ziehen lassen. Später beidseitig salzen und pfeffern.
Öl in der Pfanne erhitzen und die Filets von beiden Seiten scharf anbraten. Herausnehmen und warm stellen.
Im gleichen Fett die gepellten, in Scheiben geschnittenen Zwiebeln andünsten. Die gewaschenen, geachtelten Tomaten und die geschälten, in Scheiben geschnittenen Zucchini hinzugeben. Die Knoblauchzehe durch eine Knoblauchpresse zu den Gemüsezutaten drücken. Mit Salz, Pfeffer und Thymian würzen. Das Gemüse etwa 10 Minuten dünsten, dabei die Pfanne zudecken.
Die Hälfte des Gemüses in eine flache, längliche Auflaufform geben. Die Fischfilets darauflegen und mit dem restlichen Gemüse bedecken. Den Ofen vorheizen (Strom: 250°, Gas: 6–7) und die gefüllte Auflaufform hineinschieben. Das Ganze bei unveränderter Hitze in 20 Minuten überbacken und garen.
Dazu Kartoffelpüree reichen.

Fischfilet auf Sauerkraut

500 g Fischfilet, Essig, Salz;
50 g durchwachsener Speck, 1 Zwiebel, 1 gr. Apfel, 500 g Sauerkraut (milde Sorte), 1 Gläschen Apfelsaft oder Orangensaft, etwas Zucker, Pfeffer.

Das Fischfilet unter fließendem Kaltwasser waschen, trockentupfen, mit Essig beträufeln, etwas ziehen lassen und dann beidseitig salzen. Den gewürfelten Speck auslassen, die gepellte, gewürfelte Zwiebel darin andünsten. Den Apfel waschen, schälen, halbieren, entkernen, in feinste Scheibchen schneiden und dazugeben. Das Sauerkraut mit dem Fruchtsaft hinzufügen. Mit Zucker und Pfeffer würzen, umrühren und zum Kochen bringen. Nun den Fisch obenauf legen und das Ganze in 20 Minuten garen.
Dazu Kartoffelpüree reichen.

Kabeljau mit Gurkenhappen

1 großer halbierter oder 2 kleine ganze Kabeljaus (ohne Kopf, küchenfertig ausgenommen, 1200–1400 g), Essig, Salz, Pfeffer, Sojasoße;
2 Zwiebeln, 4 EL Gurkenscheiben (süß-sauer mit Dill eingelegt),
4 EL süße Sahne.

Den Fisch unter fließendem Kaltwasser gründlich waschen, Schwanz- und Seitenflossen wenn nötig noch beschneiden. Trockentupfen, mit Essig sparsam beträufeln, etwas ziehen lassen und dann innen mit Salz und Pfeffer einreiben. Mit der Bauchseite nach unten in eine große längliche Auflaufform, zu der es einen Deckel gibt, setzen. Mit Pfeffer und Salz bestreuen und reichlich Sojasoße darübergießen. Die gepellten, geachtelten Zwiebeln und die gut abgetropften Gurkenscheiben seitlich neben den Fisch verteilen und die flüssige Sahne darübergießen.
Zugedeckt in den kalten Ofen schieben. Den Ofen auf höchste Stufe einschalten (Strom: 250°, Gas: Stufe 6–7). Den Auflauf eine Stunde im Ofen lassen, dabei die Hitze nicht verändern. Den Fisch in der Form servieren.
Dazu Kartoffeln reichen.

Seelachs-Reispfanne

3 gr. Seelachsfilets, Zitronensaft, Salz;
2 EL Öl, 1 gr. Zwiebel, je 1 rote und 1 grüne Paprikaschote,
3 Tomaten, etwas Safran, 2 KL gekörnte Brühe, 1 Lorbeerblatt,
Paprikapuder, ¼ l Weißwein, ⅛ l Wasser, 125 g Reis.

Das Fischfilet unter fließendem Kaltwasser waschen, in mundgerechte Stücke schneiden, mit Zitronensaft beträufeln und etwas ziehen lassen. Später salzen.
Das Öl in einer tiefen Pfanne erhitzen. Die gepellte, gewürfelte Zwiebel darin anrösten. Die Paprikaschoten waschen, halbieren, von Kernen und Samensträngen befreien, in Streifen schneiden und zu den Zwiebeln geben. Die Tomaten mit kochendem Wasser übergießen, häuten, achteln und in die Pfanne geben. Mit Safran, gekörnter Brühe, Lorbeerblatt und Paprikapuder anreichern. Alles umrühren und mit Wein und Wasser auffüllen. Den Deckel auflegen und das Ganze 5 Minuten kochen. Den Reis einstreuen und 10 Minuten kochen. Jetzt die Fischstücke hinzugeben. In weiteren 15 Minuten fertig garen. Am besten in der Pfanne servieren.

Makrelen mit Kräutersoße

4 Makrelen (küchenfertig ausgenommen, ohne Kopf), Zitronensaft, Salz;
¼ l Weißwein, ⅛ l Wasser, 2 Gewürzkörner, 1 Lorbeerblatt, 1 Nelke, 3 Pfefferkörner, 1 Zwiebel;
2 gestrichene EL Stärkemehl, ⅛ l süße Sahne, Pfeffer, Zucker, je 1 Bund Dill und Petersilie.

Die Makrelen, wenn nötig, an den Schwanz- und Seitenflossen beschneiden. Die Fische unter fließendem Kaltwasser gründlich waschen, trockentupfen, mit Essig beträufeln, etwas ziehen lassen und später innen und außen salzen.
⅛ l Weißwein und das Wasser mit Gewürzkörnern, Lorbeerblatt, Nelke, Pfefferkörnern und der gepellten, halbierten Zwiebel aufkochen. Noch etwas Salz dazugeben und die Makrelen etwa 15 Minuten in dem Sud garen, dabei nicht sprudelnd kochen. Die Makrelen dann vorsichtig auf eine vorgewärmte Platte setzen und warm halten.
Den Fischsud in eine Kasserolle seihen. Den restlichen Weißwein mit dem Stärkemehl verquirlen und den Fischsud damit binden. Mit Sahne verfeinern und mit Pfeffer und einer Prise Zucker nachwürzen. Die gewaschenen, abgetropften, zerkleinerten Kräuter dazugeben. Die Soße gesondert zum Fisch reichen.
Dazu Salzkartoffeln und Salat der Saison servieren.

Seelachs-Reispfanne

Seeaal in Dillsoße

400–500 g Seeaal, Essig, Pfeffer, Salz;
1 EL Margarine, 2 Zwiebeln, knapp ½ l Wasser,
Worcestersoße, 2 Beutel Dillsoße (Fertigprodukt in Pulverform),
2 EL Dosenmilch, 2 Bd. Dill.

Den Seeaal waschen, trockentupfen und in vier Portionsstücke schneiden. Diese mit Essig beträufeln, etwas ziehen lassen, dann kräftig pfeffern und salzen.
Die Margarine schmelzen und die gepellten, gewürfelten Zwiebeln darin andünsten. Wasser hinzugeben und zum Kochen bringen. Mit Worcestersoße würzen. Das Soßenpulver unter Rühren hinzufügen. Die Soße mit Dosenmilch verfeinern und den gewaschenen, abgetropften, gehackten Dill unterheben.
Die Seeaalstücke in die Soße legen und darin in 20 Minuten garen, ohne stark zu kochen.

Genüßliches für zwei

Die Geschmäcker bei Tisch sind in vielen Haushalten verschieden, wenn es um Fischgerichte geht. Denn eine Fischmahlzeit, bei der uns das Wasser im Munde zusammenläuft, bedeutet für die meisten Kinder nur, Gräten suchen zu müssen. Als Alternative bietet sich an, den kleinen Essern rasch zuzubereitende, gewohnte Speisen, beispielsweise Rührei oder Kartoffelpuffer, vorzusetzen, während die Erwachsenen ihren Fisch bekommen. Es ist durchaus vertretbar, wenn ab und zu in der Familienrunde so eine Art „Wunschküche" praktiziert wird. Die folgenden Rezepte sind für zwei Personen gedacht, also für Sie und Ihn.

Forelle in Weißwein

2 Forellen (küchenfertig ausgenommen), 1 Zitrone, Salz;
¼ l Weißwein, 1 kl. Zwiebel, 1 kl. Knoblauchzehe, 4 Gewürznelken,
1 KL Trockenpetersilie, 1 Msp. Thymian,
½ KL französische Kräutermischung („Herbes Provencales");
4 EL süße Sahne, 1 gestrichener EL Mehl.

Von den Forellen die Köpfe abschneiden, Schwanz- und Seitenflossen stutzen und die Fische innen und außen unter fließendem Kaltwasser waschen. Dabei mit dem Daumen alle dunklen Blutteile aus dem Inneren entfernen. Jede Forelle mit dem Saft einer halben Zitrone innen und außen beträufeln. Etwas ziehen lassen, dann mit Salz bestreuen.

Den Weißwein mit der gepellten, geviertelten Zwiebel sowie der geschälten Knoblauchzehe in einen genügend großen, flachen Topf geben. Gewürznelken, Trockenpetersilie, Thymian und die französiche Kräutermischung dazutun. Diesen Sud zwei Minuten kochen lassen, dann die Hitze verringern.
Die Forellen mit der Bauchseite nach unten in den Sud legen. In 15 Minuten bei schwacher Hitze gar ziehen lassen. Während dieser Zeit eine Anrichtplatte oder zwei Teller im Backofen bei schwacher Hitze vorwärmen.
Die Forellen nach der Garzeit vorsichtig aus dem Sud nehmen, auf die Anrichteplatte oder Teller legen und im Ofen warm halten. Die Weißweinflüssigkeit durchsieben und in einem kleinen Topf zum Kochen bringen. Die süße Sahne mit dem Mehl verquirlen und damit die Weißweinflüssigkeit dicken. Die Soße abschmecken und neben die Forellen gießen. Sofort servieren.
Dazu Endivien- oder Sojasprossensalat reichen.

Haisteaks aus dem Ofen

2 Haisteaks (je 250 g), ½ Zitrone, Zwiebelsalz, Curry, Paprika,
4 KL Butter.

Die Fischstücke unter fließendem Kaltwasser waschen, abtropfen lassen, auf einen Teller legen, abtupfen und von beiden Seiten mit Zitronensaft beträufeln. 10 Minuten ziehen lassen. Danach jedes Steak auf der einen Seite reichlich mit Zwiebelsalz und hauchdünn mit Curry, auf der anderen mit Zwiebelsalz und Paprika bestreuen. Nebeneinander in eine flache Auflaufform legen. Auf jedes Haisteak zwei Stückchen Butter geben.
Den Ofen auf höchster Stufe vorheizen (Strom: 250°, Gas: 6-7) und den Fisch darin bei unveränderter Hitze 20 Minuten garen.
Mit Pfifferlingen oder Mischpilzen aus der Dose anrichten.

Heilbuttschnitten mit Sahnesoße

*2 Heilbuttschnitten (etwa je 200 g), Zitronensaft, Salz, Mehl, Öl;
1 Töpfchen saure Sahne, 2 EL Mayonnaise (Fertigprodukt),
1 EL Tomatenketchup, 1 EL Johannisbeergelee,
je 1 Prise Zucker und Pfeffer, 1 hartgekochtes Ei,
1 Pfeffergurke, 1 Röhrchen Kapern.*

Die Heilbuttschnitten unter fließendem Kaltwasser waschen und abtupfen, dann beidseitig mit Zitronensaft beträufeln und etwas ziehen lassen. Vor dem Braten die Fischschnitten von beiden Seiten salzen, mit Mehl bestreuen und dieses festklopfen. In heißem Öl von beiden Seiten je sechs Minuten braten.
Für die Soße Sahne und Mayonnaise mit Tomatenketchup und Johannisbeergelee verrühren. Mit Salz, einigen Tropfen Zitronensaft, Zucker und Pfeffer würzen. Das abgekühlte Ei pellen, hacken und dazugeben. Die Gurke fein würfeln und mit den Kapern (ohne Flüssigkeit) hinzufügen. Die Soße kalt zum Fisch servieren.
Dazu Salzkartoffeln und Salat reichen.

Forelle gebraten mit Mandeln

*2 Forellen (küchenfertig ausgenommen), Zitronensaft, Salz, Mehl, Öl;
1 EL Butter, 1 Beutel Mandelblättchen (40 g), 1 kl. Bund Petersilie.*

Wenn nötig, den Forellen den Kopf abschneiden sowie Schwanz- und Seitenflossen stutzen. Die Fische unter fließendem Kaltwasser innen und außen waschen und besonders innen von allen Blutresten befreien. Abtupfen und mit Zitronensaft beträufeln, dann etwas ziehen lassen.
Die Forellen salzen, mit Mehl bestreuen und dieses festtupfen. In heißem Öl in der Pfanne braten (je nach Größe von jeder Seite 7–10 Minuten) und auf vorgewärmten Tellern oder einer vorgewärmten Platte anrichten.
Schnell die Butter in der Pfanne zergehen lassen, die Mandeln hineingeben, kurz rösten und über die angerichteten Forellen verteilen. Mit gewaschener, abgetrockneter, gehackter Petersilie bestreuen.
Dazu Prinzeßbohnen reichen.

Tip: Man kann selbstverständlich auch tiefgefrorene Forellen verwenden oder – wenn die Zeit knapp ist – zwei entsprechende Portionen Fischfilet. In diesem Fall sollte man mit den Mandeln zusammen gewürfelte Zwiebel rösten. Das schmeckt zum Fischfilet herzhafter.

Heilbuttschnitten mit Sahnesoße

Fischfilet mit Kräutersahne

2 Fischfilets (je 200 g), Zitronensaft, 1 EL Öl, Salz, Pfeffer;
1 Töpfchen saure Sahne, 1 Kästchen Kresse, 1 Bd. Petersilie,
getrockneter Thymian und Majoran, Butterflöckchen,
2 EL geriebener Käse.

Das Fischfilet unter fließendem Kaltwasser waschen, abtupfen, mit Zitronensaft beträufeln und etwas ziehen lassen.
Die Auflaufform (am besten eine möglichst flache) dünn mit Öl auspinseln.
Die Fischscheiben beidseitig salzen, pfeffern und nebeneinander in die Auflaufform legen.
Die saure Sahne mit der fein gehackten Kresse und Petersilie (beides zuvor gewaschen und abgetrocknet) sowie mit Thymian und Majoran verrühren. Diese Kräutermischung auf die Fischscheiben verteilen. Einige Butterflöckchen daraufsetzen und den geriebenen Käse darüberstreuen.
Den Backofen auf höchster Stufe vorheizen (Strom: 250°, Gas: 6-7). Die Auflaufform hineinschieben und den Fisch bei unveränderter Hitze in 20 Minuten garen.
Dazu Kartoffelpüree und Tomatensalat servieren.

Hornhecht mit französischen Kräutern

1 Hornhecht (ca. 50 cm lang, küchenfertig ausgenommen, ohne Kopf), Essig, Salz, Mehl, Öl, französische Kräutermischung ("Herbes Provencales").

Den Hornhecht am besten mit der Geflügelschere in vier Stücke teilen und diese unter fließendem Kaltwasser waschen. Dabei ganz gründlich alle Schleimteile aus dem Inneren entfernen. Die großen Seitengräten gleich mit herausnehmen. Die Stücke mit Essig beträufeln und etwas ziehen lassen. Dann abtupfen, außen und innen salzen und fest in Mehl drücken.
Reichlich Öl in einer Pfanne erhitzen und die Stücke darin von jeder Seite acht Minuten braten. Kurz vor Ende der Bratzeit auf beiden Seiten mit der französischen Kräutermischung bestreuen. Sollten die Stücke beim Braten auseinanderklappen, so erst die Außenseite, später die Innenseite braten.
Dazu Kartoffelsalat mit Öl-Zitronen-Marinade servieren.

Tip: Wird Aal für dieses Rezept verwendet, kann man anstelle der französischen Kräutermischung auch Salbei verwenden.

Steinbeißer mit Äpfeln und Bananen

2 Scheiben Steinbeißer (frisch von einem großen Fisch abgeschnitten, pro Scheibe 250-300 g), Zitronensaft, Salz, Mehl, 1 Ei, Pfeffer, Worcestersoße, Semmelmehl, Öl;
2 kl. Äpfel, Zucker, 1 Prise Salz.
1 gr. oder 2 kl. Bananen, etwas Butter, Curry.

Die Fischscheiben unter fließendem Kaltwasser waschen, die klebrigen Teile der Außenhaut abschneiden. Das Fischfleisch abtupfen und beidseitig mit Zitronensaft beträufeln, dann etwas ziehen lassen. Vor dem Braten mit Salz bestreuen und fest in Mehl drücken. Das Ei mit einem Spritzer Worcestersoße und einer Prise Pfeffer verquirlen und die Fischscheiben darin wenden. Danach mit Semmelmehl bestreuen und dieses festtupfen. Die Fischscheiben in heißem Öl von jeder Seite sechs Minuten braten.
Während der Fisch mit Zitronensaft beträufelt zieht, die Äpfel schälen, entkernen, waschen und in kleine Würfel schneiden. Mit Zitronensaft, Zucker und einer Prise Salz würzen, mischen und ziehen lassen. Während die Fischscheiben braten, in einer zweiten Pfanne etwas Butter zergehen lassen und die gepellten, in dicke Scheiben geschnittenen Bananen darin bräunen. Mit Curry überpudern.
Jede Fischscheibe auf einem Teller anrichten. Den Apfelsalat neben den Fisch häufen, die gebratenen Currybananen auf den Fisch verteilen.
Dazu Sahne-Kartoffelsalat servieren.

Makrele gebraten mit Kräuterbutter

2 frische Makrelen (küchenfertig ausgenommen, ohne Kopf), Essig, Salz, Mehl, Öl.
Für die Kräuterbutter: 75-100 g Butter, Saft von $\frac{1}{4}$ Zitrone, $\frac{1}{2}$ KL scharfer Senf, 1 Spritzer Suppenwürze, $\frac{1}{2}$-1 Bund Petersilie (je nach Größe).

Die Makrelen wie im vorhergehenden Rezept beschrieben braten.
Die Butter schaumig rühren, Zitronensaft, Senf und Suppenwürze untermischen und die gewaschene, abgetrocknete, sehr fein gehackte Petersilie hinzufügen.
Die Kräuterbutter zu den angerichteten Makrelen gesondert servieren oder auf den Fischen zerlaufen lassen.
Dazu Kartoffelsalat und einen gemischten Salat reichen.

Barsch mit Sardellensoße

1 Barsch (ca. 600 g, ausgenommen ca. 400 g), Essig, ½ l Salzwasser; ½ Tasse Milch, 2 gehäufte KL Mehl, 3 KL Sardellenpaste (Fertigprodukt), ½ KL Zucker, ⅓ Tasse Weißwein, 1 Tasse Fischsud, Bratfischwürze (Fertigprodukt).

Den ausgenommenen Barsch unter fließendem Kaltwasser außen und innen gründlich waschen und mit Essig beträufeln, dann etwas ziehen lassen.
Das Salzwasser zum Kochen bringen und den Barsch hineinlegen, dann die Hitze verringern. Den Fisch 10 Minuten von jeder Seite ziehen lassen. Das Wasser darf dabei nicht sprudelnd kochen.
Währenddessen eine Anrichteplatte und zwei Teller im Backofen warm stellen.
In einer Kasserolle die Milch mit dem Mehl verquirlen und die Sardellenpaste darin glattrühren. Zucker und Wein hinzufügen.
Den Barsch, wenn er gar ist, vorsichtig auf die Anrichtplatte legen und im Ofen warm halten.

Eine Tasse Fischsud zu den angerührten Soßenzutaten geben und das Ganze unter Rühren auf vorgeheizter Herdstelle zum Kochen bringen. Die Soße mit Bratfischwürze pikant abschmecken und zum Barsch gesondert servieren.
Dazu Salzkartoffeln und Rettichsalat reichen.

Makrele gebraten mit Rosenkohl

2 frische Makrelen (küchenfertig ausgenommen, ohne Kopf), Essig, Salz, Mehl, Öl.

Die Makrelen, wenn nötig, mit einer Küchenschere am Schwanz und an den Seitenflossen stutzen. Unter fließendem Kaltwasser innen und außen gründlich waschen, abtupfen und mit Essig beträufeln. Etwas ziehen lassen. Die Makrelen innen und außen mit Salz bestreuen, beidseitig in Mehl wälzen und dieses festklopfen.
Öl in der Pfanne heiß werden lassen und die Makrelen von jeder Seite 8–10 Minuten darin braten.
Dazu Rosenkohl und Salzkartoffeln reichen.

Makrele mit Rosenkohl

Schellfisch mit Gemüse (Titelbild)

1 Schellfisch (ca. 600 g, küchenfertig ausgenommen, ohne Kopf, ca. 400 g), Essig, Salz;
Salzwasser, 2 Möhren, 2 Stangen Lauch, 1 Stückchen Sellerieknolle, 1 Zwiebel, 1 Lorbeerblatt, 4 Gewürzkörner, 1 Zitrone, etwas Butter, Pfeffer, Paprika.

Vom ausgenommenen Schellfisch noch die Schwanz- und Seitenflossen beschneiden. Unter fließendem Kaltwasser außen und innen gründlich reinigen, abtupfen und mit Essig beträufeln. Etwas ziehen lassen.
Einen flachen, breiten Topf zu einem Drittel mit Salzwasser füllen und zum Kochen bringen. Die geputzten, gewaschenen Möhren unzerschnitten, den gewaschenen Lauch in fingerlangen Stücken und das gewaschene, geschälte Selleriestückchen einmal geteilt hineingeben. In 15-20 Minuten garen, mit einem Schaumlöffel herausheben und beiseite legen. Die gepellte Zwiebel, das Lorbeerblatt, die Gewürzkörner und den Saft einer Zitrone in das Gemüsewasser geben und 5 Minuten kochen lassen. Dann die Hitze verringern, den zuvor mit Salz bestreuten Schellfisch in die Brühe legen und von jeder Seite 10 Minuten ziehen lassen (das Wasser darf nicht sprudelnd kochen). Währenddessen die Möhren, den Lauch und die Sellerieknolle in Scheiben schneiden und in Butter schwenken. Eventuell mit Pfeffer und etwas Paprika nach Geschmack würzen.
Den fertig gegarten Fisch vorsichtig auf einer angewärmten Platte anrichten, das Gemüse rundum anordnen.
Dazu Salzkartoffeln servieren.

Tip: Gemüsefans können noch Rosenkohl zum Fisch reichen. Der Rosenkohl muß aber gesondert gegart werden.

Karpfen in Biersoße

1 Karpfen (1250-1500 g, mit Kopf);
1 Bd. Suppengrün, 2 Lorbeerblätter, 4 Pimentkörner, 8 Pfefferkörner; ³⁄₈ l Wasser, Salz, 1 Flasche Weißbier, 1 kl. Flasche Malzbier, 1 Fischkuchen (wenn erhältlich), 4 EL saure Sahne, 1 KL Butter, Saft von ½ Zitrone, Kartoffelmehl.

Den Karpfen gleich im Geschäft in vier Teile schneiden lassen. Diese waschen, abtupfen und nebeneinander auf einen großen Teller legen. Das Suppengrün putzen, waschen und etwas zerkleinern, dann mit den Lorbeerblättern sowie den Piment- und Pfefferkörnern über den Fisch verteilen. Das Ganze zum Durchziehen über Nacht in den Kühlschrank stellen.
Das Suppengrün, die Lorbeerblätter sowie die Piment- und Pfefferkörner vom Karpfen nehmen, in einen Topf geben, mit Wasser übergießen, salzen und 15 Minuten kochen. Weißbier, Malzbier und den Fischkuchen hinzugeben, nochmals zum Kochen kommen lassen und dann die Hitze verringern. Die Karpfenstücke in den Sud legen und darin 20 Minuten ziehen lassen. Die saure Sahne, die Butter und den Zitronensaft hinzufügen und die Kochbrühe mit Kartoffelmehl binden. Sie wird als Soße mit den Gemüsestückchen gereicht.
Den Fisch am besten im Topf servieren und auf eine Wärmeplatte auf den Tisch stellen.
Dazu Salzkartoffeln reichen.

Tip: Fischbrühe, die übrigbleibt, kann am nächsten Tag als Fischsuppe serviert werden.

Karpfen paniert

½-1 Karpfen (je nach Größe), Salz, Pfeffer, Mehl, 1-2 Eier, Semmelmehl, reichlich Öl, etwas Butter, Zitronenviertel.

Den Karpfen gleich vom Händler in 2-4 Stücke teilen lassen. Die Karpfenteile unter fließendem Kaltwasser gründlich waschen, abtupfen, beidseitig salzen und schwach pfeffern. Fest in Mehl drücken, restliches Mehl abklopfen. In verquirltem Ei wenden, danach fest in Semmelmehl drücken.
Das Öl in der Pfanne erhitzen und die Karpfenteile darin 10-12 Minuten von jeder Seite braten. Damit die Haut nicht an der Pfanne kleben bleibt, nach dem Umdrehen des Fisches Öl nachgießen. Vor Ende der Bratzeit ein Stück Butter mitbraten.
Die Karpfenteile auf einer vorgewärmten Platte mit Zitronenvierteln anrichten.
Dazu Feldsalat und nach Wunsch Kartoffeln servieren.

Schnelle Krabbenpfanne

4 Bananen, 1-2 KL Butter, Curry, 100 g Krabbenfleisch.

Die Bananen pellen und in der geschmolzenen Butter von allen Seiten goldgelb braten. Curry und die Krabben darüberstreuen. Noch einige Minuten ziehen lassen, bis die Krabben heiß sind.
Dazu Toast und einen frischen Salat der Saison servieren.

Heilbuttfilet mit Tomatencreme

*2 Heilbuttfilets (etwa je 200 g), Zitronensaft, Salz;
1 EL Öl, 1 EL Margarine, 3 gr. Zwiebeln, 3 EL Tomatenketchup,
1 Knoblauchzehe, Salz, etwas Zitronensaft, 2 Tomaten, Pfeffer.*

Die Heilbuttfilets unter fließendem Kaltwasser waschen, mit Küchenkrepp abtupfen, mit Zitronensaft beidseitig beträufeln und etwas ziehen lassen, dann erst von jeder Seite salzen.
Eine flache Auflaufform dünn mit Öl auspinseln.

Die Margarine in einer Pfanne zerlassen und die gepellten, gewürfelten Zwiebeln darin rösten. Das Tomatenketchup und die gehackte oder zerdrückte Knoblauchzehe hinzugeben. Kurz erhitzen, dann vom Herd nehmen und mit Salz und etwas Zitronensaft würzen. Zwei Eßlöffel von der Tomatenmasse in die Auflaufform geben und die Fischscheiben darauflegen. Die restliche Tomatenmasse über die Fischschnitten verteilen.
Die Tomaten waschen, abtrocknen und in Scheiben schneiden. Je eine Tomate auf eine Fischportion legen, darüber Pfeffer streuen.
Den Ofen auf höchster Stufe vorheizen (Strom: 250°, Gas: 6-7). Die Auflaufform hineinschieben und den Fisch bei unveränderter Hitze 20 Minuten garen. Heiß servieren.
Dazu Stangenweißbrot und Gurken-Dill-Salat reichen.

Schnelle Krabbenpfanne

Brokkoli mit Lachs und Käse überbacken

1 gr. oder 2 kl. Strünke frischer Brokkoli, Salzwasser, Butterflöckchen, 4 dünne Scheiben Lachs, 4 viereckige Scheiben Käse.

In einem genügend großen Topf Salzwasser zum Kochen bringen und den gewaschenen Brokkoli unzerkleinert darin in 20 Minuten garen. Alle frischen grünen Blätter am Brokkoli lassen. Auch nicht so viel vom Strunk abschneiden – alles ist gleich zart. Den gekochten Brokkoli auf ein Sieb geben und abtropfen lassen. Der Länge nach ein- oder zweimal durchschneiden und zuunterst in eine möglichst flache Auflaufform legen. Darauf Butterflöckchen setzen. Die Lachsscheiben über den Brokkoli legen, obenauf die Käsescheiben. Den Ofen auf höchster Stufe vorheizen (Strom: 250°, Gas: 6–7). Die Auflaufform hineinschieben, und das Gericht bei unveränderter Hitze 15–20 Minuten überbacken. Heiß servieren.
Dazu Stangenweißbrot reichen.

Dorsch in der Folie

1 kl. Dorsch (600–800 g im ganzen, küchenfertig ausgenommen, ohne Kopf), Essig, Salz, Pfeffer;
2 EL Öl, 1 Beutel Röstzwiebeln (Fertigprodukt, Inhalt 40 g);
4 EL Dickmilch, 2 KL Senf, 1 KL Zucker, Pfeffer.

Den Dorsch, wenn nötig, an den Schwanz- und Seitenflossen beschneiden und unter fließendem Kaltwasser gründlich waschen. Dabei vor allem alle Schleimteile aus dem Innern entfernen. Den Fisch abtupfen, mit Essig beträufeln und etwas ziehen lassen. Dann außen und innen salzen, innen pfeffern.
Ein genügend großes Stück Alufolie mit Öl einpinseln. Die Hälfte der Röstzwiebeln in den Bauch des Dorsches füllen. Den Dorsch auf die Folie legen, die restlichen Röstzwiebeln oben auf dem Fisch verteilen. Die Folie über dem Fisch schließen und an den Seiten gut festdrücken. Den Ofen auf höchster Stufe vorheizen (Strom: 250°, Gas: 6–7). Dann den Fisch auf einem Backblech hineinschieben und bei unveränderter Hitze in 40 Minuten garen. Zum Ende der Bratzeit die Anrichtplatte und zwei Teller zum Anwärmen mit in den Ofen stellen.
Während der Garzeit die Soße anrühren. Dazu die Dickmilch mit dem Senf glattrühren, mit Zucker und Pfeffer würzen.
Beim Servieren des Fisches darauf achten, daß die Folie vorsichtig auseinandergenommen wird, da sich während des Garens etwas Flüssigkeit angesammelt hat. Sie wird mit auf der Platte angerichtet. Die Soße wird kalt dazu gereicht.
Dazu kleine Kartoffeln, in der Schale gekocht, sowie Chicoréesalat servieren.

Kabeljau mit heißer Senfbutter

1 Kabeljau (800–1000 g), Essig, Salz.
2 l Salzwasser, 2 Zwiebeln, 2 Möhren, 1 Zitrone (ungespritzt), 2 Lorbeerblätter, 1 KL Senfkörner, 15 Pimentkörner, 1 Schuß Essig;
75 g Butter, 2 EL Senf, Saft von 1/4 Zitrone, 1 Spritzer Worcestersoße.

Beim Kabeljau die Schwanz- und Seitenflossen beschneiden. Unter fließendem Kaltwasser gründlich waschen, dabei alle Schleimteile aus dem Innern entfernen. Den Fisch abtupfen, mit Essig beträufeln und etwas ziehen lassen.
In einen genügend großen Topf das Salzwasser geben. Die gepellten Zwiebeln, die geputzten, gewaschenen Möhren, die in Scheiben geschnittene Zitrone, die Lorbeerblätter, die Senf- und Pimentkörner sowie den Essig hinzufügen. 10 Minuten kochen.
Den Kabeljau in den Kochsud geben, dann die Hitze verringern. Den Fisch in 20 Minuten gar ziehen lassen. Währenddessen Platte und Teller warm stellen. Den Fisch nach der Garzeit vorsichtig auf die Platte heben und heiß servieren.
In einer kleinen Pfanne die Butter aufschäumen lassen. Den Senf und den Zitronensaft schnell unterrühren. Die Soße mit einem Spritzer Worcestersoße würzen.
Dazu Salzkartoffeln und geriebenen Rettich servieren.

Heringe in Speck gebraten

4 nicht zu kleine Heringe (küchenfertig ausgenommen, ohne Kopf), Essig, Salz, Mehl;
2 EL Öl, 75 g durchwachsener Speck, 2 EL Perlzwiebeln (aus dem Glas), 1 Bund Petersilie.

Die Heringe unter fließendem Kaltwasser gründlich innen und außen waschen, abtupfen und mit Essig beträufeln. Etwas ziehen lassen, dann innen und außen salzen, in Mehl wenden und dieses festdrücken.
In einer Pfanne das Öl erhitzen und den fein gewürfelten Speck darin auslassen. Die Heringe von jeder Seite vier Minuten braten und auf einer angewärmten Platte anrichten. Schnell in das Bratfett die zuvor gut abgetropften Silberzwiebeln und die gewaschene, abgetrocknete, fein gehackte Petersilie geben. Alles einmal kurz durchbraten und neben den Heringen anrichten.
Dazu Kartoffelpüree mit Zwiebelringen und Rote Beete servieren.

Seezungen mit Spargel

2 Seezungen (je 200 g, abgezogen und ausgenommen), Zitronensaft, Salz, Pfeffer, Mehl, Öl;
500 g Spargel oder 1 gr. Dose Stangenspargel (mit ganzen Köpfen), Salz; 75 g Butter.

Die Seezungen, falls nötig, an Schwanz- und Seitenflossen beschneiden und unter fließendem Kaltwasser innen und außen gründlich waschen. Mit Zitronensaft beträufeln und etwas ziehen lassen.
In der Zwischenzeit frischen Spargel schälen und in Salzwasser garen.
Die Seezungen abtupfen, von jeder Seite mit Salz und Pfeffer bestreuen und in Mehl drücken. Öl in der Pfanne heiß werden lassen und die Fische darin von jeder Seite fünf Minuten braten. Nach dem Wenden eventuell Öl nachgießen, damit die Haut nicht am Boden der Pfanne kleben bleibt. Die Seezungen auf vorgewärmten Tellern oder einer Platte anrichten.
Den Spargel abtropfen lassen und neben den Fisch legen. Dosenspargel zuvor in Salzwasser erhitzen. Dabei aufpassen, daß die Spargelköpfe nicht zerstört werden.
In einer Pfanne die Butter aufschäumen lassen und über Fisch und Spargel verteilen.
Dazu Salzkartoffeln oder ganz junge, in der Schale gegarte Kartoffeln servieren.

Seezungen mit Zitrone und Kapern

2 Seezungen (je 200 g, abgezogen und ausgenommen), Zitronensaft, Salz, Pfeffer, Mehl, Öl, Worcestersoße;
1 Zitrone (ungespritzt), 1 Röhrchen Kapern;
50 g Butter.

Die Seezungen wie im vorhergehenden Rezept beschrieben zubereiten. Auf angewärmten Tellern oder einer Platte anrichten und mit etwas Worcestersoße beträufeln.
Die Zitrone in sechs feine Scheiben schneiden und auf die Seezungen verteilen. Dazwischen die Kapern anordnen.
In einer Pfanne die Butter aufschäumen lassen und über den Fisch verteilen.
Dazu Kartoffelsalat in Kräutermarinade und Gurkensalat servieren.

Seezunge mit Spargel

Seezungenröllchen in Tomatengemüse

*2 Seezungen (abgezogen und ausgenommen), Zitronensaft, Salz,
Pfeffer, Worcestersoße, 4 Holzstäbchen;
Öl, 2 Zwiebeln, 1 kl. Dose abgezogene Tomaten,
1 kl. Dose grüne Erbsen, Salz, Pfeffer, Paprika, Majoran;
4 EL süße Sahne, 1-2 KL Mehl.*

Die Seezungen filieren, indem Sie die Fische mit einem großen scharfen Messer am Rücken hinter dem Kopf so einschneiden, daß das Messer flach an der Gräte liegt. Das Fischfleisch lösen, indem Sie das Messer vom Kopf zum Schwanz an der Gräte entlang durchziehen.
Die Filets waschen, mit Zitronensaft beträufeln und etwas ziehen lassen. Dann beidseitig mit Salz bestreuen. Eine Filetseite mit Pfeffer bestreuen und mit Worcestersoße beträufeln. Die Filets so aufrollen, daß die gepfefferte Seite nach innen kommt. Jedes Filet mit einem Hölzchen feststecken.
In einem flachen Topf oder einer feuerfesten Glasschüssel etwas Öl erhitzen und die gepellten, gewürfelten Zwiebeln darin anrösten. Die Tomaten aus der Dose samt Saft dazugeben. Die Erbsen ohne Einlegflüssigkeit hinzufügen. Das Ganze mit Salz, Pfeffer, Paprika und Majoran würzen und zum Kochen bringen.
Die flüssige Sahne mit dem Mehl verquirlen. Die Gemüsemischung damit dicken.
Die Seezungenröllchen in die Gemüsemischung setzen und bei schwacher Hitze zugedeckt in 15 Minuten gar ziehen lassen.
Dazu Bratkartoffeln reichen.

Tip: Für dieses Rezept eignen sich auch tiefgefrorene Schollenfilets. Zur Verarbeitung müssen sie jedoch so angetaut sein, daß sie sich aus dem Papier befreien und danach aufrollen lassen. In der Packung sind mehr als vier Schollenfilets, sie sind jedoch kleiner und für zwei Personen daher nicht zu viel.

Hecht mit Speckscheiben und Reibkäse

*1 Hecht (1000-1500 g im ganzen, küchenfertig ausgenommen,
ohne Kopf), Zitronensaft, Salz, 1 EL Öl, etwas Senf,
4-6 geräucherte Speckstreifen (nicht zu dick geschnitten),
2 EL Reibkäse, 1 EL Butter, 2 Zwiebeln;
½ Töpfchen saure Sahne.*

Den Hecht möglichst beim Händler schuppen lassen. Zu Hause, wenn nötig, einige restliche Schuppen entfernen. Den Hecht unter fließendem Kaltwasser innen und außen gründlich waschen. Wenn nötig, die Schwanz- und Seitenflossen noch stutzen. Mit Zitronensaft beträufeln und ziehen lassen. Dann abtupfen, innen und außen mit Salz bestreuen.
Eine große, möglichst flache Auflaufform mit Öl auspinseln. Den Hecht aufrecht in die Auflaufform setzen (gegebenenfalls eine geschälte Möhre als Stütze in den Bauch legen). Nun wird der Hecht außen dünn mit Senf eingestrichen und mit den Speckstreifen belegt, darüber kommt der geriebene Käse. Die Butter wird in einem Pfännchen gebräunt und über den Fisch verteilt. Den Ofen auf höchster Stufe vorheizen (Strom: 250°, Gas: 6-7). In die Auflaufform neben den Fisch noch die gepellten, geviertelten Zwiebeln legen, dann die Form in den Ofen schieben. Den Hecht bei unveränderter Hitze in 25 Minuten garen.
Kurz vor Ende der Garzeit die saure Sahne etwas verquirlen und über den Hecht gießen. Heiß auf vorgewärmter Platte servieren.
Dazu Weinsauerkraut und Salzkartoffeln reichen.

Kabeljau im Ofen gedünstet mit Meerrettichsoße

*1 Kabeljau (etwa 800-1000 g im ganzen, küchenfertig ausgenommen,
ohne Kopf), Saft von 1 Zitrone, Salz, Pfeffer, etwas Öl;
8 EL Meerrettichsoße (Fertigprodukt), 4 EL süße Sahne, 1 KL Zucker.*

Schwanz- und Seitenflossen vom Fisch, falls nötig, beschneiden. Unter fließendem Kaltwasser waschen, dabei alle schwarzen Schleimfäden von der Innengräte mit dem Daumen abschieben. Den Fisch innen und außen mit Zitronensaft beträufeln und etwas ziehen lassen. Danach abtupfen, innen und außen mit Salz bestreuen, innen pfeffern.
Eine längliche Porzellanplatte dünn mit Öl bestreichen, den Fisch schräg darauflegen und ihn außen dünn mit Öl bepinseln. Den Ofen vorheizen (Strom: 200°, Gas: 3-4), dann die Porzellanplatte auf den Rost (unterste Schiene) stellen und den Fisch in 35 Minuten garen. Auf der Platte heiß servieren.
Für die Soße die fertige Meerrettichsoße mit der süßen Sahne in ein Töpfchen geben und den Zucker unterrühren. Diese Soße im Wasserbad erhitzen und zum Fisch reichen.
Dazu Kartoffeln und Tomatensalat servieren.

Tip: Statt Kabeljau kann für dieses Rezept auch Dorsch verwendet werden.

Fischfilet mit Mandeln

2 Portionen Fischfilet, Essig, Salz, Mehl, 1 Ei, 1 Beutel Mandelblättchen (Inhalt 40 g), Öl.

Die Fischfilets gründlich waschen, mit Essig beträufeln und etwas ziehen lassen. Dann salzen und mit Mehl überpudern, dieses festdrücken. Die Filets durch das in einem tiefen Teller verquirlte Ei ziehen. Auf beiden Seiten gleichmäßig mit Mandelblättchen bestreuen und diese gut anklopfen.
Öl in der Pfanne erhitzen. Die Fischfilets darin bei nicht zu großer Hitze von beiden Seiten langsam garen, denn die Mandelblättchen werden leicht braun. Beim Wenden der Filets ein breites Pfannenmesser verwenden, so daß die Mandelblättchen mit umgedreht werden. Sollten Mandelreste in der Pfanne bleiben, werden sie beim Anrichten über das Filet verteilt.
Dazu serviert man Reis mit einer gesondert in Butter gebratenen, zuvor halbierten Banane, außerdem Currysoße (Fertigprodukt), die mit frischem Curry gewürzt wurde.

Fischfilet mit Käse überbacken

2 Fischfilets, Essig, 1 EL Öl, 1 Tube Sardellenpaste, 3 EL Reibkäse, 4 Tomaten, Salz, Pfeffer.

Die Fischfilets gründlich waschen, mit Essig beträufeln und etwas ziehen lassen. Inzwischen eine möglichst flache, nicht zu große Auflaufform mit Öl auspinseln.
Die Fischfilets abtupfen, von beiden Seiten mit Sardellenpaste bestreichen und nebeneinander in die Auflaufform legen. Auf jede Fischportion 1½ Eßlöffel geriebenen Käse streuen. Die Tomaten mit kochendem Wasser überbrühen, häuten, halbieren und die Hälften nebeneinander um die Fischportionen gruppieren. Mit Salz und Pfeffer bestreuen.
Den Ofen auf höchster Stufe vorheizen (Strom: 250°, Gas: 6–7). Die Auflaufform hineinschieben und das Gericht bei unveränderter Hitze in 20 Minuten garen.
Dazu Stangenweißbrot oder Kartoffelpüree reichen.

Fischfilet mit Mandeln

Menüs zum Feierabend

Berufstätige Frauen stehen oft vor der schwierigen Situation, am Abend für den Zwei-Personen-Haushalt möglichst schnell ein vollwertiges Essen zaubern zu müssen. Die Zutaten sind noch rasch im Supermarkt zu besorgen, und es könnte ja einmal etwas Besonderes sein, nicht der ewig gleiche Aufschnitt! Die folgenden Rezepte für zwei Personen sollen Anregungen geben, wie am Abend in kurzer Zeit ein vollwertiges, aber bekömmliches Menü zubereitet werden kann.

Makrelen auf Toast

Makrelen auf Toast

2 Scheiben Toastbrot, 1 kl. Dose Tomatenmark, 1 kl. Dose Makrelenfilets ohne Haut und Gräten in Öl (Nettoinhalt 125 g), 1 kl. Gläschen Oliven (grün, mit Stein, Inhalt etwa 10 Stück), 2 viereckige Scheiben Käse, Salatblätter zum Garnieren.

Das Toastbrot mit Tomatenmark bestreichen (Rest für die Brühe verwenden). Die Fischdose öffnen, das Öl ablaufen lassen (wird nicht verwendet) und die Makrelenfilets auf die beiden Toastscheiben verteilen. Die Oliven abtropfen lassen, das Fruchtfleisch mit einem spitzen Messer rund um den Stein abschneiden und auf die Makrelenfilets verteilen. Die Toasts mit je einer Käsescheibe abdecken und im vorgeheizten Grill so lange grillen, bis der Käse geschmolzen und zart gebräunt ist. Heiß auf knackigen, gewaschenen und abgetropften Salatblättern servieren.
Dazu schmeckt eine Tasse Fleischbrühe gut und als Nachtisch eine halbe gefüllte Honigmelone.

Tip: Bei größerem Appetit die Zutaten für das Rezept verdoppeln und für jede Person zwei Toasts zubereiten.

Aalfilets in Avocado

1 reife Avocadofrucht, Zitronensaft, 1 kl. Zwiebel; 1 Dose Aalfilets gekocht in Dillcreme (Gesamtinhalt 110 g).

Die Avocado schälen, halbieren und vom Stein befreien. Die beiden Hälften mit der Ausbuchtung nach oben auf zwei Portionsteller legen und Zitronensaft hineinträufeln. Die gepellte Zwiebel fein hacken und die Würfelchen in die Avocadohälften streuen.
Die Fischbüchse öffnen und die Aalfilets samt Soße mit einer Gabel in die Avocadohälften füllen.
Dazu Kümmelbrötchen und Butter servieren, zum Abschluß roten Paprikasalat und Meerrettichquark.

Räucherfisch mit Rührei

1 Räucher- oder Fleckmakrele (bereits ausgenommen) oder 2 Schillerlocken;
4 Eier, 2 EL Dosenmilch, Salz, Pfeffer, Paprikapuder, 1 EL Margarine.

Den Fisch je nach Art anrichten: Die Räuchermakrele häuten und in Stückchen von der Gräte abheben; die Fleckmakrele oder die Schillerlocken in Stückchen schneiden. Auf zwei Portionsteller verteilen.
Die Eier in ein Gefäß schlagen, die Dosenmilch hinzugeben, verquirlen und mit Salz, Pfeffer und Paprikapuder würzen. Die Margarine in der Pfanne heiß werden lassen, die Eimasse hineingleiten lassen und während des Bratens umrühren. Das Rührei heiß neben dem Räucherfisch anrichten.
Dazu Mandarinen-Chicorée-Salat und Butterbrötchen reichen, als Nachtisch Erdbeerschaumspeise (Fertigprodukt).

Räucherbückel im Eierkuchen

1 Fleckbückling (geräuchertes, auseinandergeklapptes Bücklingsfilet ohne Gräten);
2 EL Mehl, ½ KL Backpulver, 2 Eier, 1 Msp. Pfeffer,
½ Bund Schnittlauch, 2 EL Öl;
2 EL Zigeunersoße (Fertigprodukt).

Vom Bücklingsfilet die Haut abziehen, sichtbare größere Gräten entfernen. Den Fisch einmal längs und einmal quer in vier Stücke schneiden.
Aus Mehl, Backpulver und den Eiern einen Teig anrühren. Mit Pfeffer würzen und den gewaschenen, abgetropften, zerkleinerten Schnittlauch untermengen.
Das Fett in der Pfanne erhitzen. Von dem Teig so viel einlaufen lassen, daß zwei untertassengroße Eierkuchen entstehen. Sofort per Kuchen zwei Bücklingsfiletstücke in den noch weichen Teig drücken. Die Eierkuchen, wenn sie von unten gebräunt sind, mit einem breiten Pfannenmesser so wenden, daß der Fisch auf die Oberseite kommt. Nun die Unterseite des Eierkuchens bräunen. Heiß auf Portionstellern servieren. Zuvor in die Mitte eines jeden Bückelkuchens einen Eßlöffel Zigeunersoße laufen lassen.
Dazu Rote Beete-Salat servieren, anschließend Edelschimmelkäse, Schwarzbrot und Butter und zum Abschluß Aprikosendickmilch (Fertigprodukt).

Räucherfisch mit Rührei

Makrelenmischung

½ grüne Paprikaschote, 2 Tomaten, Selleriesalz, 1 kl. Zwiebel, 1 Dose Makrelenfilets in Öl ohne Haut und Gräten (Nettoinhalt 125 g).

Die innen gesäuberte, gewaschene Paprikaschote in Streifen, dann in Stückchen schneiden und zuunterst in eine Schüssel geben. Darauf die gewaschenen, halbierten, von Fruchtkernen befreiten und in Stückchen geschnittenen Tomaten verteilen. Mit Selleriesalz bestreuen. Die gepellte, gewürfelte Zwiebel hinzufügen. Die Fischdose öffnen, das Öl abgießen (wird nicht verwendet) und den Fisch zum zerkleinerten Gemüse geben. Mit der Gabel den Fisch etwas zerpflücken. Den Salat mischen und gleich auf zwei Portionstellern anrichten.
Dazu Roggenbrötchen und Butter servieren, anschließend Harzer Käse mit Zwiebelwürfelchen und zum Abschluß Joghurt mit Apfelsinenstückchen.

Gebratene Speckschollen

2 Schollen (küchenfertig ausgenommen, ohne Kopf), Essig, Salz, Mehl, Öl, 4 Scheiben Speck (geräuchert oder fett, 80 g) Zitronenscheibchen.

Wenn nötig, die Schwanz- und Seitenflossen der Schollen kürzen. Die Schollen unter fließendem Kaltwasser gründlich waschen, abtupfen und mit Essig beträufeln. 10 Minuten ziehen lassen. Danach innen und außen salzen, beidseitig mit Mehl bestäuben und dieses festtupfen. In zwei Pfannen Öl erhitzen und den Speck in hauchdünnen Scheiben oder gewürfelt dazugeben. Die Schollen auf dem Speck zunächst von einer Seite sieben Minuten braten. Mit einem breiten Pfannenmesser so wenden, daß der Speck mit nach oben kommt (eventuell Öl nachgeben). Nun die zweite Schollenseite ebenfalls sieben Minuten braten. Nach Geschmack mit Zitronenscheibchen anrichten.
Dazu Rohkostsalate, Salzgurken oder süßsauer eingelegte Paprikaschnitzel sowie Kartoffelsalat servieren, als Nachtisch Vanille-Heidelbeer-Eis.

Schillerlocken auf Reibekuchen

*⅛ l Wasser, 1 Ei, 3 gehäufte EL Kartoffelpufferpulver (Fertigprodukt), Öl;
4 kl. oder 3 gr. Schillerlocken, 1 kl. Zwiebel, 3 EL Tomatenketchup, 2 EL süße Sahne.*

Das Ei in das Wasser einlaufen lassen, das Kartoffelpufferpulver dazuschütten, durchquirlen und 10 Minuten stehen lassen.
Von den Schillerlocken die schwarzen Durchstichstellen entfernen sowie eventuelle dunkle Schwanzstellen abschneiden. Den Fisch in dünnste Scheiben schneiden. Mit der gepellten, gewürfelten Zwiebel, Tomatenketchup und Sahne verrühren.
Öl in der Pfanne erhitzen und aus dem Kartoffelteig vier kleine Puffer backen (einen vollen Eßlöffel pro Portion). Je zwei Puffer auf zwei Teller legen und die Schillerlockenmischung darauf verteilen. Sofort servieren.
Dazu Blumenkohlsalat und als Dessert Quarkspeise mit Preiselbeeren.

Tip: Es gibt preiswerten Bruch von Schillerlocken, der für dieses Rezept bestens geeignet ist.

Gebratene Speckscholle

Regenbogenforellen mit Zwiebeln und Champignons

1 Packung Regenbogenforellen (2 Stück, tiefgefroren), Zitronensaft, Salz, Mehl;
2 Zwiebeln, Öl, 1 kl. Dose Champignons (ganze Köpfe, Nettogewicht ca. 200 g), Salz, Pfeffer, 1 Eigelb, 1 EL Dosenmilch.

Die Forellen müssen so angetaut sein, daß man ihnen Kopf und Flossen abschneiden kann. Die Fische dann unter fließendem Kaltwasser gründlich waschen, abtupfen, innen und außen mit Zitronensaft beträufeln und mit Salz bestreuen.
Während der Fisch etwas zieht, die Zwiebeln pellen, in Scheiben schneiden und in heißem Öl anbraten.
Die Forellen beidseitig mit Mehl bestäuben und dieses festtupfen. Die Fische auf die Zwiebeln legen und etwa sechs Minuten braten, danach mit einem breiten Pfannenmesser so wenden, daß die Zwiebeln mit nach oben kommen. Nochmals sechs Minuten braten (eventuell noch Öl hinzugeben).
Kurz vor Ende der Bratzeit die abgegossenen Champignons in der Pfanne mit heiß werden lassen und mit Salz und Pfeffer bestreuen.
Die Forellen auf Tellern anrichten. Zu den Champignons schnell das zuvor in Büchsenmilch verquirlte Eigelb gießen, stocken lassen und neben die Forellen häufen.
Danach französisches Stangenweißbrot und Walnußkäse sowie Ananaskompott mit Schlagsahne servieren.

Räucher-Rotbarsch mit Radieschen

250 g geräucherter Rotbarsch (in einem Stück), 2 Bund Radieschen, Zitronensaft, Zwiebelsalz, ½ Becher Sahnejoghurt, Worcestersoße, getrocknete Dillspitzen;
2 Scheiben Toastbrot.

Vom Räucherfisch die seitliche Haut abziehen (wird nicht verwendet). Von der Mittelgräte aus den Fisch in Stückchen abschneiden und in eine Schüssel geben. Mit den gewaschenen, in Stückchen oder Scheiben geschnittenen Radieschen, Zitronensaft und Zwiebelsalz vermengen. Nun Sahnejoghurt mit einem kleinen Schuß Worcestersoße und getrockneten Dillspitzen verrühren, zum Fischsalat geben und untermischen. Mit Zitronensaft und Zwiebelsalz abschmecken.
Die Brotscheiben toasten, den Salat daraufhäufen und gleich servieren.
Danach Schwarzbrot mit Schmalz und Bauernkäse, anschließend Stachelbeerkompott reichen.

Seeaal auf Toast

1 Stück geräucherter Seeaal (200-250 g), 1 kl. Gewürzgurke, 1 kl. Banane, Zitronensaft, 2 EL Zigeunersoße (Fertigprodukt), 2 EL Dosenmilch, Worcestersoße, Zwiebelsalz, Pfeffer, Paprika;
2 viereckige Toastscheiben, 2 EL Tomatenketchup.

Die Räucherhaut vom Seeaal abziehen. Das daran haftende Fischfleisch abschaben und in eine Schüssel geben, ebenso das Fischfleisch, das von der Hauptgräte abgetrennt wird. Die in Würfelchen geschnittene Gewürzgurke, die in Scheiben geschnittene Banane, etwas Zitronensaft, die Zigeunersoße und die Dosenmilch hinzufügen. Umrühren und mit Worcestersoße, Zwiebelsalz, Pfeffer und Paprika pikant würzen.
Das Weißbrot beidseitig toasten und auf zwei Portionsteller legen. Mit Tomatenketchup bestreichen und die Seeaalmischung darauf verteilen. Mit Paprika überpudern. Gleich servieren.
Danach Leberkäse mit Senf, Sauerkrautsalat, Bauernbrot und Butter reichen.

Fischfilet italienisch

1 Packung Fischfilet „Sizilianische Art" (Fertigprodukt, tiefgefroren, in Alufolie verpackt, Füllgewicht 400 g), 3-4 Tomaten, Salz, Oregano, 4 Scheiben Emmentaler-Käse (Scheibletten oder vom Stück geschnitten).

Sofort den Backofen auf höchster Stufe vorheizen (Strom: 250°, Gas: 6). Das tiefgefrorene Fischfilet in der geöffneten Aluform in den Ofen schieben und in 30 Minuten bei gleicher Hitze garen.
Währenddessen die Tomaten mit kochendem Wasser überbrühen, häuten und in Scheiben schneiden.
Nach den 30 Minuten den Fisch kurz aus dem Ofen herausnehmen, schnell die Tomatenscheiben darauf verteilen, mit Salz und Oregano bestreuen und mit Käsescheiben belegen. Nochmals für weitere 10-15 Minuten in den Ofen schieben, dann servieren.
Dazu Zwiebelbrot reichen, das man – in Alufolie gewickelt – die letzten fünf Minuten im Ofen mit warm werden läßt.
Zum Abschluß Pfefferkäse, anschließend Mandarinenkompott servieren.

Pizza mit Sardinen und Krabben

1 Pizza italienische Art (tiefgefroren, ca. 300 g), 1 Dose Sardinen in Öl (Nettoinhalt 125 g), 1 Dose Shrimps in Salzwasser (Nettogewicht 200 g) oder 125 g frisches Krabbenfleisch, 1 Gläschen mit Paprika gefüllte Oliven (Inhalt 50 g).

Den Backofen sofort auf höchste Hitze vorheizen (Strom: 250°, Gas: 7). Die Pizza unaufgetaut auf ein Backblech legen (Alufolie darunter, dann ist das Reinigen später leichter). Die Sardinendose öffnen, die Fische mit der Gabel herausholen, etwas abtropfen lassen und auf die Pizza-Oberfläche verteilen. Die Fische dabei ruhig flachdrücken und auseinanderschieben. Das Sardinenöl wird nicht mitverwendet. Das Krabbenfleisch auf einem Sieb abtropfen lassen (bei frischen Krabben nicht nötig) und über die Sardinen verteilen. Die abgegossenen Oliven halbieren und dazwischenlegen. Die Pizza im heißen Ofen bei unveränderter Hitze 15 Minuten backen und heiß servieren.
Dazu Grünen Salat reichen, als Vorspeise Tomatencremesuppe und als Dessert Dickmilch mit Kirschen (Fertigprodukt).

Krabben in Honigmelone

1 Honigmelone, 1 Gläschen Sherry;
250 g Krabbenfleisch, 100 g Emmentaler-Käse im Stück, Zitronensaft, 2 EL Öl, Pfeffer;
8 Pflaumen, wenn vorhanden.

Die Honigmelone halbieren und die Kerne entfernen. Mit einem Kaffeelöffel aus der Fruchtmitte kleine Kugeln herausstechen und beiseite legen. In jede Melonenhälfte, die zuvor auf einen Teller gestellt wird, ein halbes Gläschen Sherry gießen.
Das Krabbenfleisch und den in Stifte geschnittenen Käse in einer Schüssel mit etwas Zitronensaft und Öl mischen, mit Pfeffer würzen. Dieses Gemisch in die Melonenhälften füllen. Rundum mit den ausgestochenen Melonenkugeln und – wenn vorhanden – mit Pflaumenhälften garnieren.
Dazu Sesambrötchen und Butter reichen, als Vorspeise eine Gulaschsuppe.

Backfisch mit Fenchelgemüse

1 Scheibe gekochter Schinken oder Burgunderschinken (ruhig mit einem fetten Speckstreifen daran), 1 Fenchelknolle, Salz, Muskatnuß, 6 EL Orangensaft, 1 EL Butter;
1 Packung Backfisch (4 Stücke Kabeljau in Backteig, tiefgefroren, Füllgewicht 250 g), Öl.

Den Schinken in Würfel schneiden und anbraten. Von der Fenchelknolle das frische, grüne Kraut abschneiden und beiseitelegen. Die äußeren dunklen oder holzigen Stellen entfernen. Die Knolle halbieren und jeweils den Keil herausschneiden. Beide Hälften waschen, in Scheiben schneiden und zum Schinken geben. Salz und Muskatnuß über das Gemüse streuen, den Orangensaft darübergießen, umrühren und 10 Minuten kochen lassen. Den Topf von der Herdstelle nehmen und ein Stückchen Butter auf dem Gemüse schmelzen lassen. Währenddessen die vier Kabeljaustücke unaufgetaut in erhitztem Öl in der Pfanne von beiden Seiten braten.
Pro Person zwei Fischstücke auf einem Teller anrichten und einen reichlichen Eßlöffel Fenchelgemüse daraufhäufen.
Anschließend Hüttenkäse mit viel Schnittlauch, Bauernbrot und Butter sowie einen Frucht-Cocktail (Fertigprodukt) servieren.

Krabben in Honigmelone

Für die gastliche Runde

Es gibt Fischgerichte, die von der Hausfrau selten oder gar nicht zubereitet werden, weil das Mehr an Arbeitsleistung für die Familienrunde nicht so recht lohnt. Es fehlt in der Alltagshetze auch die Muße, diesen Gerichten beim Verzehr die entsprechende Aufmerksamkeit zu widmen. Aber es gibt auch ganz einfache Fischgerichte, mit denen man Ehre einlegen kann, weil sie unbekannt sind oder als Spezialitäten gelten.
Die folgenden Rezepte sind für vier Personen berechnet, reichen aber auch für sechs Personen, besonders, wenn es Vor- und Nachspeise gibt.

Pasteten mit Erbsen-Krabben-Füllung

*1 Päckchen Feine Geflügelsoße (Fertigprodukt, für 1/4 l),
100 g Krabbenfleisch, etwas Zitronensaft, 4 hartgekochte Eier, Pfeffer, Salz, 1/2 kl. Dose feine grüne Erbsen,
1/2 KL getrocknete Dillspitzen, 1 Bd. Petersilie;
4–6 Pasteten.*

Die Soße nach Paketaufschrift zubereiten und in eine Schüssel füllen, die in einen passenden Topf mit Wasser gestellt werden kann. Das Krabbenfleisch in die Soße geben und sogleich mit etwas Zitronensaft beträufeln. Die abgekühlten, gepellten, geachtelten Eier hinzufügen und mit Pfeffer und Salz bestreuen. Die abgetropften grünen Erbsen dazugeben und mit den getrockneten Dillspitzen und der gewaschenen, abgetropften, feingehackten Petersilie bestreuen. Nun alles mischen und im Wasserbad erwärmen.
Die Pasteten im Ofen heiß werden lassen, füllen und sofort servieren. Als Vorspeise Geflügelsuppe reichen, als Nachtisch Apfelsinencreme.

Eingelegte Bratheringe

*12 grüne Heringe (bratfertig ausgenommen, ohne Kopf), Salz, Mehl, Öl, 3 gr. Zwiebeln;
Marinade: 1/4 l Essig, 3/4 l Wasser, 6 EL Zucker, 1/2 KL getrocknete grüne Paprikaschoten (Fertiggewürz) oder 1/2 getrocknete zerkrümelte Chilischote, 3 KL Fischgewürz oder Fisch-Einlegegewürz.*

Die Heringe einzeln nacheinander unter fließendem Kaltwasser gründlich waschen und dabei die schwarzen Hautteilchen aus dem Inneren entfernen. Die Fische auf Küchenkrepp abtropfen lassen, innen und außen salzen und fest in Mehl wälzen. Im erhitzten Fett von jeder Seite braun und gar braten (nacheinander, wenn die Pfanne nicht groß genug ist), dann vorsichtig in eine Schüssel legen. Auf jede Schicht Bratheringe sogleich die gepellten, in Scheiben geschnittenen Zwiebeln verteilen. Essig, Wasser, Zucker und die Gewürze für die Marinade mischen und einmal aufkochen. Die Marinade heiß über die Bratheringe gießen.
Man kann die Heringe schon zum Brunch servieren, genau wie zu Mittag oder am Abend – sie schmecken immer!
Dazu Speck-Bratkartoffeln, Brot oder Kartoffelsalat reichen, als Vorspeise Lauchcremesuppe und als Dessert Heidelbeerkompott mit Sahne.

Tip: Es gibt fertige Fischpanade in Tüten, die das Fischfleisch in einem Arbeitsgang würzt und paniert, so daß Salz und Mehl nicht benötigt werden. Mit dieser Fischpanade arbeitet es sich sehr angenehm.

Fritierte Shrimps

24-32 Shrimps (ungeschält, pro Person etwa 6 Stück) oder Hummerkrabben (nicht kleiner als 12 cm, meist tiefgefroren erhältlich), Salzwasser;
2 Eier, Pfeffer, Semmelmehl;
Öl oder Pflanzenfett zum Ausbacken.

Die Shrimps, wenn sie tiefgefroren sind, nur antauen lassen und sie, genau wie frische, in einem großen Topf mit Salzwasser überbrühen. 10 Minuten ziehen lassen, dann schälen. Dazu mit einer Hand den Kopf fassen und mit einer leichten Drehung den Schwanzpanzer abziehen, so daß das Schwanzinnere heil übrig bleibt.
Die Shrimps-Schwänze in mit Salz und Pfeffer verquirltem Ei wälzen und dann fest in Semmelmehl drücken.
Öl oder anderes Pflanzenfett in einer Friteuse oder einem genügend großen Topf erhitzen und die panierten Shrimps-Schwänze darin schwimmend ausbacken.
Dazu frischen grünen Salat, Toastbrot und verschiedene Soßen (siehe nachfolgende Rezepte) servieren, als Vorspeise feine Rindfleischbouillon mit Champignons und Petersilie, als Nachtisch eine Käseplatte mit Weintrauben.

Ananasmayonnaise

6 EL Mayonnaise (Fertigprodukt), einige Tropfen Zitronensaft,
4 EL Ananassaft (aus der Dose abgegossen), 1 Prise Zucker,
einige Spritzer Sojasoße, je 1 Prise Curry und Pfeffer,
4 Scheiben Ananas (aus der Dose).

Die Mayonnaise mit Zitronensaft und Ananassaft verrühren und mit Zucker, Sojasoße, Curry und Pfeffer würzen. Die Ananasscheiben fein würfeln und hinzufügen.

Currysoße

30 g Margarine, 2 gestrichene EL Mehl, ¼ l Brühe (Würfel),
½ kl Dose Kondensmilch, Currypulver, evtl. Zitronensaft und Salz.

Die Margarine in einem Töpfchen schmelzen und das Mehl darin anschwitzen. Mit der Brühe aufgießen, dabei während des Aufkochens gut rühren. Die Soße mit Dosenmilch verfeinern, mit Curry kräftig würzen und nach Geschmack mit einigen Tropfen Zitronensaft und Salz nachschmecken.

Weinsoße

6 EL Mayonnaise (Fertigprodukt), 6 EL Sahnejoghurt,
3 EL Tomatenketchup, 4 EL Portwein, 1 Prise Zucker, Pfeffer, Zwiebelsalz.

Mayonnaise, Joghurt und Tomatenketchup verrühren. Den Portwein hinzufügen und die Soße mit Zucker, Pfeffer und Zwiebelsalz abschmecken.

Fisch-Obst-Salat

¼ l Wasser, 1 KL Fischgewürz, ½ KL Salz;
1 Packung Rotbarschfilet (tiefgefroren, 400 g), 2 Äpfel,
4 frische Pfirsiche, 1 KL Kräutersenf, 1 KL Zucker;
2 EL Mayonnaise, 2 EL Magermilchjoghurt, 1 EL Tomatenketchup,
1 KL Zucker, 1 Prise Salz, Paprikapuder.

Das Wasser mit dem Fischgewürz und Salz aufkochen. Den Fisch unaufgetaut in zwei Portionen teilen und nacheinander in dem Sud garen. Herausnehmen und in eine Schüssel legen. Mit der Gabel in Stücke zerteilen.
Nun die Äpfel waschen, schälen, entkernen, vierteln und in feine Scheiben schneiden. Die Pfirsiche überbrühen, häuten, halbieren, entsteinen, vierteln und ebenfalls in Scheiben schneiden. Die Obstscheiben zu den Fischstücken geben.
Den Kochsud mit Kräutersenf und Zucker verrühren und über die Salatzutaten gießen. Das Ganze vermengen, nach dem Erkalten in den Kühlschrank stellen und mindestens zwei Stunden ziehen lassen.
Den Salat danach abgetropft auf Portionstellern oder in Gläsern anrichten. Die Menge ist für vier Personen berechnet, reicht aber als Vorgericht für sechs Personen.
Die Mayonnaise mit dem Magermilchjoghurt und Tomatenketchup verrühren, mit Zucker, Salz und Paprikapuder würzen und über den Salat geben. Diese Soße wird erst während des Essens mit den Salatzutaten vermischt.

Fischfilet mit Käse-Schinken-Füllung

4-6 gleichmäßig große, längliche Fischfilets, Essig, Salz;
4-6 nicht zu große Scheiben gekochter Schinken,
4-6 viereckige Scheiben Emmentaler-Käse, 4-6 Holzstäbchen,
Mehl, 2 Eier, Semmelmehl;
Öl oder Pflanzenfett, etwas Butter, 6 Zitronenscheiben.

Das Fischfilet unter fließendem Kaltwasser gründlich waschen, trockentupfen und beidseitig mit Essig beträufeln. Etwas ziehen lassen, dann von beiden Seiten salzen.

Auf jedes Fischfilet eine Scheibe Schinken und darüber eine Scheibe Käse legen, so daß die Filets zur Hälfte bedeckt sind. Die andere Hälfte jeweils darüberklappen. Mit Holzstäbchen feststecken. Die fertigen Taschen beidseitig fest in Mehl drücken und durch verschlagenes Ei ziehen, danach fest in Semmelmehl drücken. Öl oder Pflanzenfett in der Pfanne erhitzen (eventuell zwei Pfannen benutzen) und die Fischtaschen darin von jeder Seite vier Minuten braten. Jede Tasche mit einem Butterflöckchen belegen und nochmals vier Minuten bei geringer Wärme nachdünsten.

Die Fischtaschen auf einer vorgewärmten Platte anrichten. Auf jede Tasche eine Zitronenscheibe legen. Wenn vorhanden, auf die Zitronenscheiben einen Klecks Kaviarersatz geben.

Seelachsfilet in Gemüsezwiebeln

6 gr. feste Gemüsezwiebeln, Salzwasser;
250 g Seelachsfilet, Zitronensaft, 3 KL Sojasoße, 3 Scheiben Ananas (aus der Dose), Pfeffer, Muskat;
3 EL süße Sahne, 3 KL geriebener Käse.

Die Zwiebeln pellen und in schwach gesalzenem Wasser 20 Minuten lang kochen. Auf einem Durchschlag abtropfen und auskühlen lassen. Von jeder Zwiebel einen Deckel abschneiden. Die Zwiebeln aushöhlen, so daß jeweils nur zwei bis drei feste Hüllen stehen bleiben (die äußere, ganz weiche Hülle wird ebenfalls entfernt). Aufrecht nebeneinander in eine Auflaufform stellen. Das Innere und die Deckel der Zwiebeln können am nächsten Tag für eine Kartoffelsuppe verbraucht werden.

Das Fischfilet unter fließendem Kaltwasser gründlich waschen, mit Küchenkrepp abtupfen und in feine Stückchen schneiden. Diese mit Zitronensaft beträufeln, mit Salz bestreuen und etwas ziehen lassen. Später mit Sojasoße und den ganz klein geschnittenen, zuvor gut abgetropften Ananasscheiben vermischen. Mit Pfeffer und Muskat würzen und in die ausgehöhlten Zwiebeln füllen.

Die Sahne mit dem geriebenen Käse verrühren und über die Fischfüllung verteilen.

Die Auflaufform in den vorgeheizten Ofen schieben (Strom: 250°, Gas: 6–7) und die Zwiebeln mit dem Fisch in 30 Minuten bei unveränderter Hitze garen. Heiß servieren.

Fischfilet mit Käse-Schinken-Füllung

Bunte Fischspieße

Öl in der Pfanne erhitzen (eventuell zwei Pfannen benutzen) und die Spieße rundherum braten. Dabei aufpassen, daß das Fischfleisch nicht am Pfannenboden kleben bleibt, deshalb nach Bedarf noch etwas Bratfett nachgeben.
Die heißen Spieße mit Paprikapuder und Pfeffer würzen und sogleich servieren.
Dazu Stangenbrot reichen. Als Vorspeise passen mit Senfcreme gefüllte Eier, die auf Salatblättern angerichtet werden. Dazu Kräcker servieren. Schokoladeneis mit Sahnetupfern und Borkenschokolade garniert schmeckt als Nachtisch.

Thunfischtoast

Pro Person:
1 Scheibe Toastbrot, 1 KL Mayonnaise (Fertigprodukt),
1 ½ EL Thunfisch in Öl (aus der Dose),
1 Prise französische Kräutermischung, ½ Tomate, Zwiebelsalz,
Pfeffer, 1 Scheibe Käse, Paprikapuder.

Das Toastbrot mit Mayonnaise bestreichen und den abgetropften Thunfisch darauf verteilen. Mit französischer Kräutermischung bestreuen. Die gewaschene, abgetrocknete Tomate in Scheiben schneiden, auf den Thunfisch legen und mit Zwiebelsalz und Pfeffer würzen. Die Scheibe Käse zum Abschluß darüberdecken.
Im gut vorgeheizten Ofen so lange überbacken, bis die Käsescheibe goldgelb zerlaufen ist. Vor dem Servieren mit Paprikapuder bestreuen.

Bunte Fischspieße

Etwa 600 g Fischfilet, Essig, Salz;
1 kl. Dose Champignons (große Köpfe), 4 feste Tomaten,
1 grüne Paprikaschote, 4–6 kl. Zwiebeln, 4–6 lange Holzstäbchen;
Öl, Paprikapuder, Pfeffer.

Das Fischfilet unter fließendem Kaltwasser gründlich waschen, trockentupfen, mit Essig beträufeln und etwas ziehen lassen. Dann in viereckige, mundgerechte Stücke schneiden und diese beidseitig salzen.
Die Champignons abgießen, die Tomaten waschen, abtrocknen und in Viertel (je nach Größe auch in Sechstel) schneiden. Die Paprikaschote halbieren, waschen, von Samensträngen und Kernen befreien und in viereckige Stücke schneiden. Die Zwiebeln pellen und halbieren.
Nun abwechselnd in bunter Reihenfolge Fischfiletstücke, Champignons, Tomatenstücke, Paprikastücke und Zwiebelhälften auf die Holzstäbchen stecken und fest zusammenschieben.

Lachstoast

Pro Person:
1 Scheibe Toastbrot, etwas Butter, 1 hartgekochtes Ei,
1 Scheibe Räucherlachs, 1 EL Sahnejoghurt, 1 Msp. Zucker,
1 KL Meerrettich (aus Tube oder Glas).

Das Toastbrot beidseitig rösten. Mit Butter bestreichen und das gepellte, in Scheiben geschnittene Ei darauf verteilen. Mit der Lachsscheibe abdecken.
Sahnejoghurt, Zucker und Meerrettich verrühren und über den Lachs verteilen.

Tip: Die Toasts kann man mit geputzten Radieschen, kleinen Maiskölbchen, Cornichon-Fächern oder einigen Silberzwiebeln reichlich garnieren.

Fischfilet mit vielen Beilagen

600 g Fischfilet, Zitronensaft, Salz, etwa ¼ l Wasser, Pfeffer, Essig, 1 Zwiebel, 1 Lorbeerblatt.

Das Fischfilet unter fließendem Kaltwasser gründlich waschen, dabei große, sichtbare Gräten herausziehen. Das Filet in Streifen schneiden, mit Zitronensaft beträufeln, mit Salz bestreuen und etwas ziehen lassen.
In einer feuerfesten Schüssel oder einem passenden flachen Topf den Boden knapp mit Wasser bedecken. Salz, Pfeffer, etwas Essig, die gepellte, in Streifen geschnittene Zwiebel und das Lorbeerblatt hineingeben und kurz aufkochen. Nun den Fisch hinzufügen, noch einmal aufkochen und dann in 10 Minuten gar ziehen lassen.
Den Fisch in der Flüssigkeit servieren, am besten gleich in der feuerfesten Schüssel. Wenn vorhanden, auf einer Wärmeplatte warm stellen.
Dazu viele Beilagen servieren. Hier einige Vorschläge:

Zwiebelreis

1 EL Butter, 1 Zwiebel, 2 Tassen Reis, Salz, Pfeffer, 4 Tassen Wasser.

Die Butter in einer Kasserolle schmelzen und die gepellte, gewürfelte Zwiebel darin hell andünsten. Den trockenen Reis hineinschütten, umrühren. Mit Salz und Pfeffer würzen, mit Wasser aufgießen. Den Reis bei schwacher Hitzezufuhr 20 Minuten quellen lassen.

Ananas

1 kl. Dose Ananasstücke öffnen und den Saft abgießen (wird anderweitig verwendet). Die Ananasstückchen in einem kleinen Schälchen servieren.

Krabben

150 g Krabbenfleisch, Zitronensaft.

Die Krabben auf einem Glastellerchen anrichten und kurz vor dem Servieren mit etwas Zitronensaft beträufeln.

Fischfilet mit vielen Beilagen

Schinkenstreifchen

2-4 Scheiben gekochten Schinken (je nach Größe) in dünne Streifen schneiden und in einem passenden Gefäß anrichten.

Mango-Chutney

Mango-Chutney gibt es im Glas fertig zu kaufen. Im Glas oder einem hübschen Schälchen mit auf den Tisch stellen.

Geröstete Kokosraspeln

4 EL Kokosraspeln in der Pfanne leicht rösten. Noch warm in einer hübschen Schale servieren.

Zum Essen nimmt sich jeder von dem Angerichteten, soviel er möchte. Auf dem Teller werden der Fisch und die verschiedenen Beilagen nach Belieben gemischt.
Als Vorspeise eignet sich eine gebundene Spargel- oder Schwarzwurzelsuppe. Schwarzwurzeln gibt es übrigens auch in Dosen, wodurch man nicht mehr an die winterliche Jahreszeit gebunden ist. Zum Nachtisch serviert man Mokkacreme.

Seelachsquark in Paprikaschote

1 grüne Paprikaschote;
250 g Sahnequark, 1 Gläschen Seelachsschnitzel (Lachsersatz, Gesamtinhalt 125 g), 1 Zwiebel, 1 Spritzer Tabascosoße, Paprikapuder.

Die Paprikaschote halbieren, innen von Kernen und Samensträngen befreien, waschen, abtupfen und auf zwei Portionsteller legen.
Den Quark mit den Seelachsschnitzeln und der gepellten, fein gewürfelten Zwiebel verrühren, mit Tabascosoße und Paprikapuder würzen. Die Paprikahälften damit füllen.
Dazu Bratkartoffeln reichen.

Krabbensalat mit Sauerkirschen

250 g Krabbenfleisch, 250 g Sauerkirschen (eingeweckt oder Dose), 250 g Champignons (Dose, ganze Köpfe), Salz;
4 EL Mayonnaise, ½ Töpfchen Sahnejoghurt, etwas Zitronensaft, 1 Prise Zucker, wenig Pfeffer und Paprikapuder.

Das Krabbenfleisch zuunterst in die Schüssel legen, darauf die gut abgetropften Sauerkirschen und zuletzt die ebenfalls abgetropften Champignons geben, die sogleich mit Salz überstreut werden.
Nun aus Mayonnaise, Sahnejoghurt und Zitronensaft eine Soße rühren. Mit Zucker, Pfeffer und Paprikapuder nicht zu scharf würzen und mit den Salatzutaten vorsichtig vermengen. Sogleich servieren.

Matjessalat mit Champignons

4 milde Matjesfilets, 1 Dose Champignons in Scheiben (etwa 250 g), 4 EL Öl, 2 EL Essig, Knoblauchpulver, Pfeffer.

Die Matjesfilets unter fließendem Kaltwasser gründlich waschen und mit Küchenkrepp trocknen. In Streifen schneiden und in eine Schüssel geben. Die gut abgetropften Champignons, Öl, Essig, Knoblauchpulver und Pfeffer dazugeben. Alles verrühren und nachschmecken.

Fondue mit Fischstäbchen

30 Fischstäbchen (tiefgefroren), Öl oder Pflanzenfett zum Ausbraten.

Die Fischstäbchen soweit antauen, daß man sie halbieren kann. Die Stücke auf eine Platte häufen und auf den Tisch stellen. Das Bratöl im Fonduetopf zunächst auf dem Herd erhitzen, dann auf dem Rechaud am Tisch heiß halten.
Jeder nimmt sich ein Fischstückchen auf die Fonduegabel und taucht es ins heiße Fett, bis es goldbraun ist. Dazu werden die verschiedensten Beilagen gereicht. Hier einige Vorschläge:

Pflaumenkompott

Selbst eingekochtes Pflaumenkompott (ganze Früchte mit Stein) oder solches aus Dose oder Glas in Schälchen mit auf den Tisch stellen.

Grogsoße

1 EL Margarine, 1 kl. Zwiebel, ¼ l Rotwein, 1 Tube Tomatenmark, 1 gehäufter KL Stärkemehl, Salz, Zucker, Zimt, Ingwerpulver.

Die Margarine schmelzen und die gepellte, in feinste Würfelchen geschnittene Zwiebel darin leicht andünsten. Rotwein und Tomatenmark unterrühren. Das in einem Rest Rotwein angerührte Stärkemehl hinzufügen. Die Soße unter Rühren aufkochen lassen, dann mit Salz, Zucker, Zimt und Ingwerpulver würzen. Kann warm oder kalt serviert werden.

Bananen-Curry-Soße

1-2 Bananen (je nach Größe), etwas Zitronensaft, 1 Töpfchen Sahnejoghurt, 1 Prise Salz, viel Curry.

Die geschälten Bananen mit der Gabel unter Hinzufügen des Zitronensaftes zerdrücken und mit dem Sahnejoghurt glattrühren. Mit einer Spur Salz und reichlich Curry würzen.

Cumberlandsoße

5 EL Johannisbeergelee, ½ Glas Rotwein, 1-2 EL Senf, Saft von 1-2 Apfelsinen, etwas gehackte Apfelsinenschale (von ungespritzten Früchten), nach Geschmack etwas gehackter Ingwer, einige gehackte Perlzwiebeln, 1 Msp. Cayennepfeffer.

Alle Zutaten gut miteinander verrühren und in einem Schälchen anrichten.

Schwedensoße

2 Äpfel, ½ Glas Weißwein, 2 EL Mayonnaise (Fertigprodukt), 2 EL saure Sahne, 1 Prise Salz, etwas Meerrettich (aus Tube oder Glas).

Die Äpfel waschen, schälen, entkernen und in Würfel schneiden. Im Weißwein weich kochen und erkalten lassen. Die Mayonnaise mit der sauren Sahne verrühren, die Äpfel mit dem Wein hinzugeben. Die Soße mit Salz und Meerrettich würzen.

Fondue mit Fischstäbchen

Eisbergsalat mit Apfelsinen

1 Kopf Eisbergsalat, 3-4 Apfelsinen (je nach Größe), 1 kl. Zwiebel;
4 EL Öl, 2 EL Essig, Salz, je 1 Prise Pfeffer und Zucker,
viele frische Kräuter.

Den Eisbergsalat von welken Blättern befreien. Die festen, frischen Blätter mundgerecht zerpflücken, zweimal hintereinander kalt wa schen und gut abtropfen lassen. In einer Schüssel mit den geschälten, entkernten, in Stücke geschnittenen Apfelsinen und der gepellten, ganz fein gewürfelten Zwiebel mischen.
Aus Öl, Essig, Salz, Pfeffer und Zucker eine Marinade rühren und mit den Salatzutaten mischen. Nun die gewaschenen, abgetropften, gehackten Kräuter hinzufügen.

Außerdem kann man zu diesem Fondue noch Stangenbrot oder frische Brötchen, Tomatenketchup oder Barbecuesoße, Worcestersoße, Kräutersenf und Cornichons servieren. Als Vorspeise eignet sich eine Selleriecremesuppe, als Dessert reicht man Kaffee, Blätterkrokant und feine Schokoladenplättchen.

Tip: Die Fischstückchen steckt man am besten ziemlich hoch auf die Fonduegabel, da sie leicht ins Fett rutschen. Für alle Fälle sollte man einen Schaumlöffel parat legen, um abgefallene Stücke aus dem Fett holen zu können, bevor sie verbrennen.

Fondue mit frischem Fisch

800 g Rotbarsch- und Seelachsfilet, Zitronensaft, Salz, Pfeffer;
1 l Brühe (Würfel), Sojasoße, Cayennepfeffer, Paprikapuder.

Das Fischfilet unter fließendem Kaltwasser gründlich waschen, trokkentupfen und in nicht zu kleine Stückchen schneiden. Auf zwei Tellern anrichten, mit Zitronensaft beträufeln, mit Salz bestreuen und etwas ziehen lassen.
Die Brühe mit Sojasoße, Cayennepfeffer und Paprikapuder recht scharf abschmecken. Auf dem Herd zunächst zum Kochen bringen, dann im Fonduetopf auf dem Rechaud am Tisch heiß halten.
Jeder spießt nun ein Fischstück so auf die Fonduegabel, daß der Happen nicht sofort wieder von der Gabel gleiten kann. Jedes Fischstück wird in die Brühe getunkt, in der es schnell gart. Dazu werden verschiedene Beilagen gereicht. Hier einige Vorschläge:

Ei-Gurken-Mischung

2 hartgekochte Eier, 1 Gewürzgurke, Salz, Pfeffer, 1 EL Öl, 1 Bd. Dill,
1 Töpfchen saure Sahne.

Die abgekühlten, gepellten Eier durch einen Eischneider in eine Schüssel drücken oder auf einem Brett hacken. Die Gurke fein würfeln und dazugeben. Salz und Pfeffer darüberstreuen, das Öl hinzufügen und alles umrühren. Den Dill waschen, abtropfen lassen, hacken und zu den Salatzutaten geben. Zum Schluß die zuvor cremig gerührte saure Sahne untermengen.

Seelachssoße

2 EL Dickmilch, 1 EL Tomatenketchup, 2 KL Seelachsschnitzel
(Lachsersatz), 1 kl. Zwiebel, je 1 Prise Zucker und Salz, Paprikapuder.

Dickmilch mit Tomatenketchup und den Seelachsschnitzeln verrühren. Die gepellte, fein gewürfelte Zwiebel untermengen. Mit Zucker, Salz und Paprikapuder würzen.

Maissalat

1 Dose Gemüsemais (ca 250 g), Salz, 1 Prise Zucker, Muskat, 1 EL Öl,
1 KL Essig, 1 EL süße Sahne, 1 Bd. Petersilie.

Vom Mais die Einlegflüssigkeit abgießen und die Körner in einer Schüssel mit Salz, Zucker, Muskat, Essig, Öl und süßer Sahne vermengen. Die Petersilie waschen, abtropfen lassen, hacken und dazugeben.

Zu diesem Fondue kann man auch noch Oliven, Senfsoße, Meerrettichsoße, Apfelkompott, Rote-Beete-Salat und Weißbrot reichen. Als Vorspeise schmecken ausgezeichnet halbierte Avocadofrüchte, die man mit einer Mischung aus Zwiebelwürfelchen und Öl füllt und mit Salz und Pfeffer bestreut. Als Dessert Rotweincreme servieren.

Tips: Man schneidet Fisch sehr gut mit dem elektrischen Messer. Die Beilagen zu dem Fondue mit Fischstäbchen und dem mit frischem Fisch können ausgetauscht werden. Außerdem kann natürlich jeder zusätzliche Soßen nach eigenem Geschmack anrühren.
Man kann für das Fischfondue mit frischem Fisch auch Öl oder anderes Pflanzenfett zum Ausbacken verwenden. Brühe ist für alle gedacht, die Kalorien sparen wollen.

Zulangen am Fisch-Büfett

Leckeres für's Fischbüfett

Gegen 20 Uhr ist die beste Zeit, ein Fischbüfett anzubieten. Auch der berufstätigen Gastgeberin ist es dann nämlich möglich, die meisten Fischgerichte frisch anzurichten. Eine andere Möglichkeit wäre, ein Fischbüfett zur frühen Mittagszeit zu servieren, beispielsweise am Wochenende als Abschluß eines Vormittagsschoppens oder als Stärkung vor einem Spaziergang.
Zu einem Fischbüfett gehört nicht unbedingt die obligate Käseplatte. Eine heiße Suppe oder Brühe als „Apéritif" ist dagegen sehr gut geeignet.
Ein Fischbüfett darf nicht überladen sein. Niemand kann mehr als von drei bis vier angerichteten Fischplatten nehmen, und gerade bei dieser Bewirtungsform sollen so wenig Reste wie möglich bleiben.
Sehr beliebt nach Fisch jeder Art ist ein süßer Abschluß. Auch dafür sollte auf dem Fischbüfett ein Plätzchen reserviert sein. Geeignet sind Cremes, Obsttörtchen oder Teegebäck.
Neben kalten Getränken zur Auswahl empfiehlt es sich, zum Nachtisch Mokka, Kaffee oder Tee zu servieren.

Vorschlag 1:
Matjesstückchen in Sahnesoße
Schillerlocken mit Senfsoße
Bratheringe mit Silberzwiebeln
Mariniertes Seemuschelfleisch auf Salatblättern
Kartoffelsalat mit Petersilie und Apfelstückchen

Vorschlag 2:
Thunfischsalat mit Zwiebelringen
Geräucherter Heilbutt und Rote-Beete-Salat
Rollmöpschen mit Oliven
Gabelbissen in Dillmarinade
Mais-Tomaten-Salat mit Kräutern

Vorschlag 3:
Geräucherter Stör in Scheiben mit mariniertem Stangenspargel
Bücklingsfilet mit Radieschen
Roter Heringssalat mit hartgekochten Eiern
Aal in Gelee mit Meerrettichmayonnaise
Erbsen – Champignon-Salat

Fischbüfett auf die Schnelle

Wenn es einmal an Zubereitungszeit fehlt, kann man auch auf die überaus vielfältigen Fertigprodukte zurückgreifen. In diesem Fall ist die Zahl der Gäste unwichtig – man besorgt eben mehr oder weniger von den einzelnen Zutaten. Maßgebend ist die passende Zusammenstellung! Hier einige Beispiele:

Fischbüfett mit Vorbereitung

Es macht viel Spaß, die Gerichte für ein Fischbüfett selbst zuzubereiten. Sämtliche Zutaten sollten natürlich rechtzeitig eingekauft werden. Man legt mit dieser appetitlichen Art der Bewirtung nicht nur Ehre ein, sondern bietet seinen Gästen auch einmal etwas anderes. Drei Vorschläge für ein solches Fischbüfett folgen auf den nächsten Seiten. Die Rezeptangaben sind jeweils für sechs bis acht Personen berechnet.

Vorschlag 1:

Räucherfisch sortiert
mit Peperonis und Cornichons

*

Ei und Gurke
mit Dorschlebersoße

*

Bunte Heringsplatte

*

Sesambrötchen, Zwiebelbrot,
Pumpernickel, Butter

*

Obstsalat, zubereitet mit
allen Früchten der Saison

*

Bier, Sekt, Pfirsichsaft,
Bitter-Lemon, Mineralwasser

*

Platte mit Petits-fours
und Feingebäck

*

Kaffee, Sahne, Zucker

Räucherfisch sortiert

4 nicht zu dicke Schillerlocken, 6 feste Salatblätter;
200 g Kieler Sprotten (Dose oder frisch), 1 Zitrone;
1 Räucheraal, 1 Bund Dill;
1 Fleckmakrele, 1 Glas Cornichons;
200 g geräucherter Thunfisch, 1 kl. Dose Pfirsiche;
1 Gläschen Peperoni

Auf einem großen Metalltablett oder auf ein bis zwei Platten die wie folgt zubereiteten Fischhappen tortenstückförmig oder in Quadraten anordnen:
Die Schillerlocken, jede einmal halbiert, auf gewaschenen, abgetrockneten Salatblättern anrichten.
Die Kieler Sprotten (wenn aus der Dose, Flüssigkeit abgießen) mit Zitronenachteln garnieren.
Den Aal in Stücke schneiden, häuten und mit gewaschenem, unzerkleinertem Dill garnieren.
Die Fleckmakrele in Stücke schneiden und mit den gut abgetropften Cornichons zusammen auflegen.
Den Thunfisch in etwa sechs Scheiben schneiden und mit den gut abgetropften, geachtelten Pfirsichen belegen.
Die Fischhäppchen mit den gut abgetropften Peperoni garnieren.

Ei und Gurke
mit Dorschlebersoße

6 hartgekochte Eier, ½ Salatgurke, Salz;
1 kl. Zwiebel, 1 feste Tomate, 1 Dose Dorschleber (Nettoinhalt 115 g),
2 Röhrchen oder 1 kl. Glas Kapern, 2 EL Tomatenketchup,
2 EL Dosenmilch, 2 EL saure Sahne, 1 KL Zucker, Pfeffer,
je 1 KL Trockenpetersilie und Trockenkerbel;
1 Bd. Schnittlauch.

Die abgekühlten, gepellten Eier und die gewaschene, ungeschälte Gurke in Scheiben schneiden und schuppenförmig auf einer Platte anrichten (pro Ei drei Scheiben Gurke). Salz darüberstreuen.
Für die Soße die gepellte Zwiebel und die gewaschene, abgetrocknete Tomate in Würfelchen schneiden und mit Salz bestreuen. Die Dorschleber samt Flüssigkeit, die abgegossenen Kapern, Tomatenketchup, Dosenmilch und saure Sahne hinzufügen. Alle Zutaten miteinander vermischen, dabei die Dorschleber möglichst glatt rühren. Mit Zucker, Pfeffer und den Trockenkräutern würzen.
Diese Soße kurz vor dem Servieren über die Ei- und Gurkenscheiben verteilen. Mit dem gewaschenen, gehackten Schnittlauch bestreuen.

Bunte Heringsplatte

*1 gr. Apfel, ½ Zitrone, 4 milde Matjesfilets, 4 Holzspießchen;
2 EL Kräuterquark, 4 KL Meerrettich (Tube oder Glas),
2 EL saure Sahne, 1 KL Zucker, 1 Röhrchen Kapern.*

Den Apfel schälen und halbieren, das Kerngehäuse herausschneiden. Jede Apfelhälfte in zwei dicke Scheiben schneiden und sogleich mit Zitronensaft beträufeln.
Die Matjesfilets unter fließendem Kaltwasser waschen. Dabei größere sichtbare Gräten entfernen. Mit Küchenkrepp abtupfen. Jedes Filet leicht zusammenrollen und aufrecht auf je eine Apfelscheibe stellen. Zur Sicherheit mit einem Holzspießchen feststecken.
Kräuterquark, Meerrettich, saure Sahne und Zucker zu einer Soße rühren und gut zwei Kaffeelöffel davon in jedes Matjesröllchen füllen. Mit den abgetropften Kapern verzieren.

2 Bismarckheringe, 1 Salzgurke, 12 eingelegte Maiskölbchen (aus dem Glas), eingelegte rote Paprikastückchen (aus dem Glas), Petersiliensträußchen.

Von den Bismarckheringen die Rückenflossen abschneiden. Jeden Hering jeweils quer in drei Stücke teilen. Die Gurke in sechs Scheiben schneiden. Auf jede Gurkenscheibe zwei abgetropfte Maiskölbchen legen und mit einem Stück Bismarckhering abdecken. Mit abgetropften Paprikastückchen und gewaschenen, abgetrockneten Petersiliensträußchen garnieren.

2 Bismarckheringe, eingelegte rote Paprikastückchen (aus dem Glas), evtl. 8 Holzspießchen, 2 Scheiben viereckiges Schwarzbrot, Meerrettichmayonnaise, Petersiliensträußchen.

Die Bismarckheringe auseinanderklappen und jeweils einmal längs und einmal quer teilen, so daß vier Stücke entstehen. In jedes Fischstückchen soviel rote Paprikastückchen wickeln, wie hinein passen. Gegebenenfalls mit Holzspießchen zusammenstecken. Die Brotscheiben jeweils vierteln. Auf jedes Broteckchen ein Fischröllchen setzen. Mit dicken Tupfern Meerrettichmayonnaise, abgetropften Paprikastückchen und gewaschenen, abgetropften Petersiliensträußchen verzieren.

Bunte Heringsplatte

Vorschlag 2:

Forellenfilets kalt
mit Mandarinen-Meerrettich-Soße

*

Kunterbunte Appetitplatte

*

Helle Sülze
mit Käse-Kräuter-Soße

*

Tomatencremesuppe

*

Stangenweißbrot, rundes Bauernbrot,
Roggen-Knäcke, Schwarzbrot, Butter

*

Champignon-Kräuter-Salat

*

Zitronencreme

*

Bier, Rot- oder Weißwein,
dunkler Traubensaft, Mineralwasser

*

Tee, Kandis, Sahne

Helle Sülze

700 g Seelachsfilet, 1/2 Zitrone;
1 Bd. Suppengrün mit viel Möhren und Sellerieknolle, 1 l Salzwasser,
1 gr. oder 2 kl. Knoblauchzehen, 1 Zwiebel, 1 Tomate,
Worcestersoße, Pfeffer, 2 Nelken, 1 Lorbeerblatt,
1 KL Wacholderbeeren;
2 Päckchen gemahlene Gelatine, 8 EL Wasser;
1 gr. feste Gewürzgurke;
4 Tomaten.

Den Fisch waschen, mit Zitronensaft beträufeln und ziehen lassen. Das Suppengrün waschen, putzen und unzerkleinert in Salzwasser aufsetzen. Die Knoblauchzehe, die gepellte und geviertelte Zwiebel und die gewaschene, geviertelte Tomate dazugeben. 1/2 Stunde lang kochen, dann durchsieben. Mit Worcestersoße und Pfeffer nachwürzen, Nelken, Lorbeerblatt und Wacholderbeeren hinzufügen. Nochmals aufkochen und den Fisch darin sachte in 15 Minuten garen. Dann den Fisch mit einem Schaumlöffel herausheben.
Die Gelatine im Wasser 10 Minuten einweichen.
Währenddessen die gekochten Möhren und das Stück Sellerieknolle in Scheiben oder Stifte in eine Schüssel schneiden (der Rest vom Suppengrün wird nicht verwendet). Den Fisch zerpflücken, dabei die noch darin befindlichen Gräten entfernen. Die Fischstückchen und die in Würfelchen geschnittene Gewürzgurke zum Gemüseklein geben.
Die Brühe nochmals durchsieben und erhitzen. Die gequollene Gelatine darin unter Rühren lösen und die gesamte Flüssigkeit über die geschnittenen Zutaten gießen. Über Nacht im Kühlschrank fest werden lassen.
Die Schüssel mit der Sülze vor dem Servieren kurz in heißes Wasser stellen und stürzen. Mit Tomatenvierteln verzieren. Dazu Käse-Kräuter-Soße reichen.

Käse-Kräuter-Soße

2 Ecken Kräuter-Schmelzkäse, 1 Zwiebel, je 1 Bd. Petersilie und Dill (oder Trockenkräuter), 1 Apfel, 8 EL süße Sahne, Selleriesalz, Muskat.

Den Schmelzkäse mit einer Gabel zerdrücken. Die gepellte, gewürfelte Zwiebel, die gewaschenen, getrockneten, gehackten Kräuter, den gewaschenen, geschälten, entkernten, in Stückchen geschnittenen Apfel und die Sahne unterrühren. Mit Selleriesalz und Muskat abschmecken.

Forellenfilets kalt

5 gr. Forellen (frisch, küchenfertig ausgenommen, ohne Kopf, oder tiefgefroren und aufgetaut), Salzwasser, Zitronensaft, einige Salatblätter.

Die Forellen unter fließendem Kaltwasser waschen. Bei frischen Fischen dabei mit dem Daumen alles Schwarze aus dem Inneren schaben sowie die Schwanz- und Seitenflossen abschneiden. In einem genügend großen, möglichst flachen Topf Salzwasser zum Kochen bringen. Die Forellen darin in 15 Minuten garen. Das Wasser darf dabei nicht sprudelnd kochen. Eventuell in zwei Arbeitsgängen garen.
Die Forellen herausnehmen und noch warm filieren. Dazu zuerst vom Rücken her die Haut mit einem spitzen Küchenmesser von einer Seite abziehen. Mit einem breiten Messer nun das Filet abheben, meistens gelingt das in zwei Teilen. Sodann die ganze Gräte entfernen. Das zweite Filet von der unteren Haut abheben.
Die Filetstücke mit Zitronensaft beträufeln, mit Klarsichtfolie bedecken und bis zum Gebrauch kühl stellen. Kurz vor dem Anrichten die gewaschenen, gut abgetropften Salatblätter rund um die Filetstücke anordnen und an einigen Stellen geschickt unter den Fisch schieben, damit sie Halt haben. Dazu Mandarinen-Meerrettich-Soße servieren.

Mandarinen-Meerrettich-Soße

6 EL Meerrettichquark (Fertigprodukt), 1 Töpfchen Vollmilchjoghurt, 4 EL süße Sahne, 3–4 KL Meerrettich (aus Glas oder Tube), je 1 Prise Salz, Zucker und Pfeffer, französische Kräutermischung („Herbes provencales"), 1 kl. Dose Mandarinen.

Meerrettichquark, Joghurt und Sahne verrühren und mit dem Meerrettich mehr oder weniger scharf würzen. Mit Salz, Zucker, Pfeffer und der französischen Kräutermischung abschmecken. Ganz zum Schluß die sehr gut abgetropften Mandarinenstückchen unterheben (Flüssigkeit anderweitig verwenden). Gut durchziehen lassen.

Helle Sülze

Vorschlag 3:

Lachsplatte garniert
mit Meerrettichsahne

*

Gefülltes Leckerbrot
mit Radieschen, Maiskölbchen und Kürbis

*

Matjesspieße
mit Bohnensalat

*

Klare Champignonbrühe

*

Toastbrot
oder Partybrötchen,
Bauernbrot, Butter

*

Arrangement nach Saison:
Mandarinen oder Pfirsiche,
Kiwis oder Kirschen,
Äpfel oder Melonenschiffchen

*

Schokoladenflammeri
mit Vanillesoße im Gießtopf

*

Bier, Rosé- oder Weißwein,
Orangensaft, Mineralwasser

*

Mokka, Sahne, Würfelzucker

Gefülltes Leckerbrot

*1 Päckchen weißes Gelatinepulver, 4 EL Wasser;
gut ½ Weißbrot (ca. 300 g, Kasten- oder Laibform);
1 Gläschen mit Paprika gefüllte Oliven (Nettogewicht 50 g),
1 hartgekochtes Ei, 1 Zwiebel, ½ Glas Kürbisstücke
(süß-sauer eingelegt, Nettoinhalt ca. 300 g, den Rest zum Garnieren
verwenden), 1 Dose Seemuschelfleisch in würziger Tomatensoße
(Inhalt 115 g), 1 Dose Heringsfilet in Dillcremesoße (Inhalt 200 g);
4 EL Weißwein, 2 KL Worcestersoße, Pfeffer;
6–8 Salatblätter, 1 Bund Radieschen, 1 kl. Glas Maiskölbchen
(Einwaage 110 g).*

Das Gelatinepulver in einer Kasserolle in Wasser 10 Minuten einweichen.
Das Brot aushöhlen. Das Brotinnere in eine Schüssel krümeln und mit den abgegossenen, in Scheibchen geschnittenen Oliven, dem abgekühlten, gepellten, in Scheiben geschnittenen Ei, der gepellten, gewürfelten Zwiebel, den abgegossenen, nochmals zerschnittenen Kürbisstücken, dem Seemuschelfleisch samt Soße und dem Heringsfilet samt Soße vermischen.
Den Weißwein zur gequollenen Gelatine geben und erhitzen. Die Gelatine unter ständigem Rühren auflösen und über die Brot-Fisch-Masse gießen. Alles gut mischen, mit Worcestersoße und Pfeffer nachwürzen. Die Masse fest in das ausgehöhlte Weißbrot drücken. Die Öffnung mit einem Stück Alufolie verschließen. Eine Nacht im Kühlschrank stehen lassen.
Vor dem Servieren das gefüllte Brot in 6 bis 8 etwa 2 cm dicke Scheiben schneiden. Diese nach Geschmack halbieren oder ganz auf gewaschenen, abgetupften Salatblättern anrichten. Mit den gewaschenen, abgetrockneten Radieschen, den abgetropften Maiskölbchen und den restlichen, ebenfalls abgetropften Kürbisstückchen umkränzen.

Meerrettichsahne

*1½ Becher süße Sahne (à 200 g), 2 EL Sahnefestiger,
6–7 KL geriebener Meerrettich (aus Glas oder Tube), 1 Msp. Zucker,
etwas Zitronensaft.*

Die Sahne cremig schlagen, den Sahnefestiger hinzufügen und die Sahne steif schlagen. Den Meerrettich unterziehen. Mit Zucker und Zitronensaft verfeinern.

Matjesspieße

4 milde, feste Matjesfilets, 2 rote Paprikaschoten, 1 knackiger Apfel, ½ Zitrone, 1 Glas Silberzwiebeln (größte Sorte), 1 Glas Gurkenscheiben (süß-sauer eingelegt), 8 lange Spieße.

Die Matjesfilets unter fließendem Kaltwasser waschen, dabei noch herausragende größere Gräten entfernen. Jedes Filet in sechs Stückchen teilen. Die Paprikaschoten halbieren, von Samensträngen und Kernen befreien, waschen und abtrocknen. Jede Hälfte in sechs Stückchen schneiden. Den Apfel waschen, schälen, halbieren, entkernen und achteln. Sogleich mit Zitronensaft beträufeln. 24 Silberzwiebeln und 16 Gurkenscheiben abtropfen lassen. Restliche Silberzwiebeln und Gurkenscheiben in Glasschälchen gesondert zum Büfett reichen.
Auf jeden Spieß die einzelnen Zutaten in bunter Reihenfolge anordnen und fest zusammenschieben.
Die fertigen Spieße entweder auf einer Platte servieren und getrennt dazu Bohnensalat in einer Glasschüssel reichen, oder aber den Bohnensalat in die Mitte einer großen Platte häufen und die Matjesspieße rundherum anordnen.

Bohnensalat

2 Tomaten, Salz, Paprikapuder, 1 grüne Paprikaschote, Knoblauchpulver, Pfeffer, 1 Dose oder Glas grüne Bohnen (ca. 500 g), 1 Zwiebel, Bohnenkraut (getrocknet oder frisch), 1 Bd. Petersilie, 2 EL Öl, 1 EL Essig.

Die gewaschenen, in Scheiben geschnittenen Tomaten in eine Schüssel legen und mit Salz und Paprikapuder bestreuen. Die Paprikaschote halbieren, innen säubern, waschen und in Stückchen schneiden. Über die Tomaten verteilen und mit Knoblauchpulver und Pfeffer bestäuben. Darauf die abgetropften Bohnen geben und salzen. Die Zwiebel pellen, würfeln und über die Bohnen streuen. Mit gehacktem Bohnenkraut, Petersilie, Öl und Essig würzen. Sämtliche Zutaten miteinander vermischen und gut durchziehen lassen. Zuletzt noch einmal abschmecken. Zusammen mit den Matjesspießen servieren.

Matjes-Spieße

Kunterbunte Appetitplatte

*200 g Matjessalat (in Marinade eingelegt, Fertigprodukt),
1 kl. Zwiebel;
2 Stangen Chicorée, Salz, Pfeffer, 2 EL Öl, Essig;
1 Dose Sardinen in Öl, 4 feste Salatblätter, 1 Zitrone;
3 hartgekochte Eier, 1 kl. Dose Appetitsild, 10-15 schwarze oder grüne Oliven (eingelegt);
200 g Langostinos (Dose oder tiefgefroren und aufgetaut),
1 Tube Remouladensoße, 1 Bd. Dill;
2 Apfelsinen, 1 KL Zucker, 1 Gläschen Himbeergeist;
1 kl. Blumenkohl, ½ Zitrone, Muskat, 1 Bd. Schnittlauch.*

Die wie folgt zubereiteten Fischhäppchen auf einer großen Platte tortenstückartig oder in Schälchen nebeneinander auf einem Tablett anrichten:
Die eingelegten Matjestücke abtropfen lassen und mit Zwiebelringen belegen.
Den Chicorée waschen, in feinste Scheiben schneiden und mit Salz und Pfeffer bestreuen. Mit Öl und einigen Tropfen Essig beträufeln und mischen.
Die abgekühlten, gepellten, halbierten Eier mit abgetropftem Appetitsild belegen. Dazwischen die Oliven anordnen.
Die Langostinos mit Remouladensoße betupfen und mit dem gewaschenen, gehackten Dill bestreuen.
Die Apfelsinen schälen und in Scheiben schneiden (Kerne dabei entfernen). Mit Zucker bestreuen und mit Himbeergeist beträufeln.
Den Blumenkohl mit dem Strunk nach unten in Salzwasser garen, in Röschen teilen und abgekühlt mit Zitronensaft beträufeln. Mit Muskat und gehacktem Schnittlauch bestreuen.

Lachsplatte garniert

*1 Platte Lachsscheiben (mindestens 8 gr. Scheiben,
fertig abgepackt oder lose);
½ Salatgurke, 4 feste Tomaten, 4 hartgekochte Eier, Salz, Pfeffer,
1 kl. Dose Kaviar;
je 1 grüne und rote Paprikaschote, 1 Zwiebel, 500 g Kartoffelsalat (Fertigprodukt), 1 Apfel, je 1 Bund Dill und Schnittlauch,
1 EL Tomatenketchup, Worcestersoße.*

Die Lachsscheiben diagonal auf einer großen Platte anrichten.
Die Gurke und die Tomaten waschen und abtrocknen. Die Gurke in dünne Scheiben, die Tomaten in Achtel schneiden. Die Eier pellen und halbieren. Gurkenscheiben und Tomatenachtel mit Salz und Pfeffer bestreuen, auf die Eihälften je ein kleines Häufchen Kaviar setzen. Alles links vom Lachs anrichten.
Die Paprikaschoten halbieren, von Kernen und Samensträngen befreien, waschen, abtrocknen und in feine Streifen schneiden. Die Zwiebel pellen und in Ringe schneiden. Den Apfel waschen, schälen, entkernen und klein würfeln. Die Apfelwürfel zusammen mit den gehackten Kräutern und dem Tomatenketchup zum Kartoffelsalat geben. Mit Pfeffer und Worcestersoße abschmecken. Die Paprikaschnitze nach Farbe getrennt rechts vom Lachs anrichten und mit den Zwiebelringen bedecken. Daneben den Kartoffelsalat häufen.
Dazu Meerrettichsahne reichen.

Tip: Lachsscheiben kann man in Alufolie einschlagen und tiefgefrieren. Auf diese Art und Weise lassen sich Sonderangebote gut nutzen.

Für jeden etwas...

Praktische Gebrauchsbücher stehen Ihnen, lieber Leser, mit Rat und Information zur Seite, wenn es darum geht, Fragen des täglichen Lebens zu beantworten.
Die hervorragende Sachkenntnis und die verständliche Sprache unserer Fachautoren sind ebenso selbstverständlich wie die sorgfältige Ausstattung unseres großen Buchprogramms. Damit bietet Ihnen der Falken-Verlag Bücher zum Lesen und Nachschlagen, mit denen Sie Ihr Leben aktiv und erfolgreich gestalten können.

Orientteppiche
(Best.-Nr. 5046) DM 9,80

Kalte und warme Vorspeisen
(Best.-Nr. 5045) DM 9,80

Raffinierte Steaks
(Best.-Nr. 5043) DM 9,80

Schwimm mit!
(Best.-Nr. 5040) DM 9,80

Spanische Küche
(Best.-Nr. 5037) DM 9,80

Zugeschaut und mitgebaut
(Best.-Nr. 5031) DM 14,80

Kalte Happen und Partysnacks
(Best.-Nr. 5029) DM 9,80

Gemüse und Kräuter
(Best.-Nr. 5024) DM 9,80

Die Selbermachers
(Best.-Nr. 5013) DM 14,80

Bitte umblättern

Mit Falken sind Sie immer gut beraten.

Das neue Hundebuch
(0009) Von W. Busack, überarbeitet von Dr. med. vet. A. Hacker, 104 S., zahlreiche Abb. auf Kunstdrucktafeln, kart., DM 5,80

Erbrecht und Testament
mit Erbschaftssteuergesetz 1974
(0046) Von Dr. jur. H. Wandrey, 112 S., kart. DM 6,80

Geschäftliche Briefe des Handwerkers und Kaufmannes
(0041) Von A. Römer, 96 S., kart. DM 5,80

Der neue Briefsteller
(0060) Von I. Wolter-Rosendorf, 112 S., kart., DM 5,80

Fibel für Zuckerkranke
(0110) Von Dr. med. Th. Kantschew, 148 S., Zeichn., Tabellen, kart., DM 6,80

Die erfolgreiche Bewerbung
(0173) Von W. Manekeller, 152 S., kart., DM 8,80

Verse fürs Poesiealbum
(0241) Von Irmgard Wolter, 96 S., 20 Abb., kart., DM 4,80

Heimwerker-Handbuch
Basteln und Bauen mit elektrischen Heimwerkzeugen
(0243) Von Bernd Käsch, 240 S., 229 Fotos und Zeichnungen, kart., DM 9,80

Großes Rätsel-ABC
(0246) Von H. Schiefelbein, 416 S., gbd., DM 16,–

Stricken, häkeln, loopen
(0205) Von Dr. Marianne Stradal, 96 S., 100 Abb., kart., DM 5,80

Karate — ein fernöstlicher Kampfsport Band 1
(0227) Von Albrecht Pflüger, 136 S. mit 195 Fotos und Zeichnungen, kart., DM 9,80

Wie soll es heißen?
(0211) Von Dr. Köhr, 88 S., kart., DM 4,80

Beliebte und neue Kegelspiele
(0271) Von Georg Bocsai, 92 S., 62 Abb., kart., DM 4,80

Vorbereitung auf die Geburt
(0251) Schwangerschaftsgymnastik, Atmung, Rückbildungsgymnastik. Von Sabine Buchholz, 112 S., 98 Fotos, kart., DM 6,80

Flugmodelle
bauen und einfliegen
(0361) Von Werner Thies und Willi Rolf, 160 S., 83 Abbildungen und 7 Faltpläne, kart., DM 9,80

Glückwünsche, Toasts und Festreden zur Hochzeit
(0264) Von Irmgard Wolter, 88 S., kart., DM 4,80

Tauchen
Grundlagen — Training – Praxis
(0267) Von W. Freihen, 144 S., 71 Fotos und Farbtafeln, kart., DM 9,80

Ostfriesenwitze
(0286) Band II: Enno van Rentjeborgh, 80 S., 10 Karikaturen, kart., DM 3,-

Selbst tapezieren und streichen
(0289) Von Dieter Heitmann und Jürgen Geithmann, 96 S., 49 Fotos, kart., DM 5,80

Ikebana Band 1:
Moribana — Schalenarrangements
(0300) Von Gabriele Vocke, 164 S., 40 großformatige Vierfarbtafeln, 66 Schwarzweißfotos und Graphiken, gbd., DM 19,80

Kung-Fu II
Theorie und Praxis klassischer und moderner Stile
(0376) Von Manfred Pabst. 160 S., 330 Abb., kart., DM 12,80

Münzen
Ein Brevier für Sammler
(0353) Von Erhard Dehnke, 128 S., 30 Abbildungen – teils farbig –, kart., DM 6,80

Pilze erkennen und benennen
(0380) Von J. Raithelhuber. 136 S., 106 Farbfotos, kart., DM 7,80

Ziervögel in Haus und Voliere
Arten · Verhalten · Pflege
(0377) Von Horst Bielfeld, 144 S.,
32 Farbfotos, kart., DM 9,80

Beeren und Waldfrüchte
erkennen und benennen –
eßbar oder giftig?
(0401) Von Jörg Raithelhuber, 136 S.,
90 Farbfotos, 40 s/w, kart., DM 9,80

Tee für Genießer
(0356) Von Marianne Nicolin,
64 Seiten, 4 Farbtafeln, kart., DM 5,80

Fred Metzlers Witze mit Pfiff
(0368) 120 S., Taschenbuchformat,
kart., DM 6,80

Selbst Brotbacken
mit über 50 erprobten Rezepten
(0370) Von Jens Schiermann, 80 S.,
mit 6 Zeichnungen und 4 Farbtafeln,
kart., DM 6,80

Kalorien · Joule
Eiweiß · Fett · Kohlehydrate
tabellarisch nach gebräuchlichen
Mengen
(0374) Von Marianne Bormio, 88 S.,
kart., DM 4,80

Flugzeuge
Von den Anfängen bis zum 1. Weltkrieg
(0391) Von Enzo Angelucci,
deutsch von E. Schartz, 320 S., mit
mehreren hundert Abb., meist vierfarbig, gbd., DM 19,80

**Von der Verlobung
zur Goldenen Hochzeit**
Vorbereitung – Festgestaltung –
Glückwünsche
(0393) Von Elisabeth Ruge, 120 S.,
kart., DM 6,80

Die 12 Sternzeichen
Charakter, Liebe und Schicksal
(0385) Von Georg Haddenbach,
160 S., gbd., DM 9,80

**Möbel aufarbeiten, reparieren
und pflegen**
(0386) Von E. Schnaus-Lorey,
96 S., 104 Fotos und Zeichnungen,
kart., DM 6,80

Selbst Wahrsagen mit Karten
Die Zukunft in Liebe, Beruf und
Finanzen
(0404) Von Rhea Koch, 112 S., mit
vielen Abb., Pbd., DM 9,80

Einkochen
nach allen Regeln der Kunst
(0405) Von Birgit Müller, 96 S.,
8 Farbt., kart., DM 7,80

Häschen-Witze
(0410) Gesammelt von Sigrid Utner,
80 S., mit 16 Zeichnungen, vierfarbiger
Schutzumschlag, brosch., DM 3,–

Spielend Schach lernen
(2002) Von Theo Schuster, 128 S.,
kart., DM 6,80

Spiele für Kleinkinder
(2011) Von Dieter Kellermann. 80 S.,
kart., DM 5,80

Knobeleien und Denksport
(2019) Von Klas Rechberger, 142 S.,
mit vielen Zeichnungen, kart., DM 7,80

Lirum, larum, Löffelstiel
(5007) Von Ingeborg Becker, 64 S.,
durchgehend vierfarbige Abbildungen
Spiralheftung, DM 7,80

Zimmerpflanzen
(5010) Von Inge Manz, 64 S.,
98 Farbabbildungen, Pbd., DM 9,80

Reiten
Vom ersten Schritt zum Reiterglück
(5033) Von Herta F. Kraupa-Tuskany,
64 S., mit vielen Zeichnungen und
Farbabb., Pbd., DM 9,80

**Die Selbermachers renovieren
ihre Wohnung**
(5013) Von Wilfried Köhnemann,
148 S., 374 Farbabb., Zeichnungen
und Fotos, kart., DM 14,80

Desserts
(5020) Von Margit Gutta, 64 Seiten mit
38 Abbildungen, durchgehend vierfarbig, Pbd., DM 9,80

Bauernmalerei
leicht gemacht
(5039) Von Senta Ramos, 64 S.,
78 vierfarbige Abb., Pbd., DM 9,80

Großes Getränkebuch
Wein · Sekt · Bier und Spirituosen
aus aller Welt, pur und gemixt
(4039) Von Claus Arius, 288 S., mit
Register, 179 teils großformatige
Farbfotos, Balacron mit farbigem
celloph. Schutzumschlag, Schuber,
DM 58,–

Moderne Fotopraxis
Bildgestaltung · Aufnahmepraxis ·
Kameratechnik · Fotolexikon
(4030) Von Wolfgang Freihen, 304 S.,
mit 244 Abbildungen, davon 50 vierfarbig, Balacron mit vierfarbigem
Schutzumschlag, abwaschbare Polyleinprägung, DM 29,80

Wir spielen
Hundert Spiele für einen und viele
(4034) Von Heinz Görz, 430 S., mit
370 farbigen Zeichnungen, gbd.,
DM 26,–

Moderne Schmalfilmpraxis
Ausrüstungen · Drehbuch · Aufnahme
Schnitt · Vertonung
(4043) Von Uwe Ney, 328 S., mit über
200 Abbildungen, teils vierfarbig,
Balacron mit vierfarbigem Schutzumschlag, DM 29,80

Kampfsport Fernost
Kung-Fu · Judo · Karate · Kendo ·
Aikido
(4108) Von Jim Wilson, dt. von
H.-J. Hesse, 88 S., mit 164 farbigen
Abb., Pbd., DM 22,–

Balkons in Blütenpracht
zu allen Jahreszeiten
(5047) Von Nikolaus Uhl, 64 S.,
82 vierfarbige Abb., Pbd., DM 9,80

Natursammlers Kochbuch
Wildfrüchte und –gemüse, Pilze und
Kräuter — finden und zubereiten
(4040) Von Christa-Maria Kerler,
140 S., 12 Farbtafeln, Pbd., mit vierfarbigem Überzug, DM 19,80

Die hier vorgestellten
Bücher sind nur eine
Auswahl aus unserem großen
Ratgeber- und Sachbuchprogramm.
Erbitten Sie unser kostenloses Gesamtverzeichnis.

Falken-Verlag
Postfach 1120
D-6272 Niedernhausen/Ts.

Moderne Korrespondenz
(4014) Von H. Kirst und W. Manekeller,
570 S., gbd., DM 39,–

Der praktische Hausarzt
(4011) Unter Mitarbeit zahlreicher
Fachärzte, koordiniert von
Dr. Eric Weiser
718 Seiten, 487 Abb., und 16 Farbtafeln, nur DM 19,80

Max Inzingers 111 beste Rezepte
(4041) Von Max Inzinger, 124 Seiten,
m. 35 Farbtafeln, kartoniert, DM 19,80
(4042) **gebundene** Luxusausgabe
DM 26,–

Judo — Grundlagen — Methodik
(0305) Von Mahito Ohgo, 204 S. mit
1025 Fotos, kart., DM 14,80

Sportfischen
Fische – Geräte – Technik
(0324) Von Helmut Oppel, 144 S. mit
49 Fotos, Abbildungen und 8 Farbtafeln, kart., DM 8,80

Katzen
Rassen · Aufzucht · Pflege
(4109) Von Grace Pond und Elizabeth
Towe, deutsch von D. von Buggenhagen, 144 S., mit über 100 Farbfotos,
Pbd., DM 16,80

Das Aquarium
Einrichtung, Pflege und Fische für
Süß- und Meerwasser
(4029) Von Hans J. Mayland. 334 S.,
mit über 415 Farbabbildungen und
Farbtafeln sowie 150 Zeichnungen
und Skizzen, Balacron mit vierfarbigem
Schutzumschlag, abwaschbare
Polyleinprägung, DM 36,–

Hunde-Ausbildung
Verhalten – Gehorsam – Abrichtung
(0346) Von Prof. Dr. R. Menzel, 96 S.,
18 Fotos, kart., DM 7,80

Orientteppiche
Herkunft – Knüpfkunst – Echtheitsbestimmung
(5046) Von Horst Müller, 64 S.,
62 Abb., durchgehend vierfarbig,
Pbd., DM 9,80

Reitpferde
Rassen · Haltung · Reitschule
(4110) Von Pamela McGregor und
Hartley Edwards, deutsch von
E. Schwarz, 144 S., mit über 100 Farbfotos, Pbd., DM 16,80

Lebensraum Erde
Menschen, Tiere, Pflanzen im Kampf
ums Überleben
(4111) Von M. Ross-Macdonald und
Robert Allen, deutsche Bearbeitung
u. Ergänzung von M. Geisthardt,
288 S., 250 Farbf., gbd., m. Schutzumschl., DM 29,80

Scheidung und Unterhalt
nach dem neuen Eherecht
(0403) Von Rechtsanwalt H. T. Drewes,
104 S., mit Kosten- und Unterhaltstabellen, kart., DM 7,80

Die neue leckere Diätküche
(5034) Von Ulrike Schubert, 64 S. mit
30 Rezeptfotos, Pbd., DM 9,80

Die 11 erfolgreichsten Schlankheitskuren
(5035) Von Pia Pervensche, 64 S. mit
36 Rezeptfotos, Pbd., DM 9,80